나무와 숲 이야기

초판 1쇄 발행 2022년 2월 15일

지 은 이 나무와숲학교
펴 낸 이 김한수
편   집 박민선
일러스트 최재욱

펴낸곳   한국NCD미디어
등 록   과천 제2016-000009호
주 소   경기도 과천시 문원성계2길50 로고스센터 206호
전 화   02-3012-0520
이메일   ncdkorea@hanmail.net
홈주소   www.ncdkorea.net

ISBN 979-11-91609-18-9 03800

copyright©한국NCD미디어 2022
Printed in Seoul, Korea

* 이 책은 한국NCD미디어가 저작권자와의 계약에 따라 발행한 것이므로 본사의 협의없는 무단전재와 무단복제를 엄격히 금합니다.
* 잘못 만들어진 책은 구입처에서 교환해드립니다.

값 12,000원

나무와 숲 이야기

Story of Tree & Forest

• 일러스트 by 최재욱

나무와 숲 이야기

Story of Tree & Forest

지은이

나무와숲학교

이야기 순서

• **출간사**_권오희 교장 _7

• **격려사**_신관식 목사, 류덕중 목사 _12

• **학생의 글**
- 나의 프로필 _16
- 나무와숲에 오기까지 _31
- 나무와숲 그곳이 궁금하다. _46
- 나무와숲 장·단점 _62
- 다시 선택의 길이 주어진다면? _87
- 나무와숲 일과가 궁금해. _96
- 에피소드 _101
- 나무와숲 선생님은요? _108
- 나무와숲 의미와 교육철학 _116
- 나의 최애 수업 _125
- 대학진학에 관한 나의 생각 _131
- 대안학교 꼭 필요할까? _138

- 전하지 못한 아쉬운 한 마디…. _149

• **학교를 졸업하면서 (현준, 은송, 효민, 동준)**
- 나에게 나무와숲이란? _156
- 가장 기억에 남는 순간 _158
- 졸업하는 나에게 _160
- 동생들에게 _161

• **사랑하는 나무들에게 (교사의 글)** _164
- 박효경 (음악, 초등)
- 김예림 (체육, 초등)
- 이혜원 (과학, 진로)
- 고현섭 (수학, 자치회)
- 이연주 (국어, 교감)
- 서영상 (프로젝트, 행정)

- 김순자 (영어)
- 이종은 (역사, 사회)
- 한백병 (초등)
- 이인경 (미술, 초등)
- 신수영 (글쓰기)
- 이은성 (코칭)
- 김용우 (청소년 MBA 마케팅)
- 김양현 (SF영화와 기독교)
- 황준연 (에세이)

• **학부모 추천사** _174
- 현효성 (현예담 학생 아버지)
- 김경선 (김은교, 은송 학생 어머니)

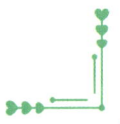

학교장 출간사

학교장 권오희 목사

　교육의 현장에 있다는 것은 참으로 어려운 일이라고 생각합니다. 내 자신도 제대로 교육하지 못하는 길 잃은 양 같은 사람이 아이들을 교육한다는 것은 더 어려웠습니다. 소경이 소경을 인도하는 꼴입니다. 그럼에도 불구하고 기독교 대안학교라는 좁은 길을 가는 이유는 명백합니다. 하나님께서 부여해 주신 다음 세대를 향한 소명이 있고, 나 또한 끊임없이 교육을 받아야 하는 사람이기 때문입니다.

　얼마 전 동료 교사들과 종일 이야기 나눴습니다.
　"우리가 생각히는 가장 좋은 교육은 무엇일까요? 우리가 생각하는 좋은 교사는 어떤 교사일까요?"
　여러 가지 생각이 있었지만 이런 이야기를 하는 교사

가 있었습니다.

"학생들과 함께 성장하는 교사가 좋은 교사입니다."

그 말에 깊이 공감했습니다. 나를 돌아보게 만드는 대답이었습니다. 기독교 학교에서 아이들을 만나 내가 더 많이 성장한다는 것을 배웁니다. 학생들이 우리의 스승입니다. 나무와숲학교라는 공동체를 통하여 모든 구성원이 자라고 있는 것입니다.

나무와숲학교는 '다양한 나무를 존중하는 교육을 통하여 아름다운 하나님의 숲을 만들어가는 학교'라는 교육목적에 맞게 다양한 나무가 모여 있습니다. 작은 나무, 큰 나무, 오래된 나무, 갓 심겨진 나무가 있습니다. 이 다양한 나무에 어떤 변화가 있을까요? 네! 이 나무들이 성장하고 있습니다. 성장이 너무 미비하여 눈으로 보이지 않고 피부로 느껴지지 않을 때도 있지만, 어느새 훌쩍 자라나 있는 것을 보게 됩니다. 그 다양한 나무가 성장하는 데 가장 중요한 키워드는 '존중'입니다. 존중은 모든 인간이 하나님의 형상이라는 근본적인 기초에서 가능한 말입니다. 다양한 모습과 삶의 맥락으로 살았다 할지라도 우리는 하나님의 형상이기에 존중받아야 마땅합니다. 존중은 곧 기다림의 교육이며, 섬김의 교육입니다.

나무와숲에서는 그러한 것을 '환대의 교육'이라고 이야기합니다. 환대 공동체는 이리와 어린양이 뛰어놀고, 표범이 염소와 함께 뒹굴고, 송아지와 어린 사자와 함께 하는 나라입니다.

이렇게 강한 자와 약한 자, 어른이나 아이, 남녀노소가 공동체를 이뤄가는 것이 바로 '환대'입니다. 그 환대의 공동체는 회복을 만들어 냅니다.

환대 속에 숨어 있는 관대함은 배움을 끌어내고 성장을 이뤄갑니다. 개인 성장뿐 아니라 공동체의 성장이며, 하나님 나라의 성장입니다.

글쓰기 시간을 통하여 학생들이 작성한 솔직한 이야기를 읽으며 가슴 벅찬 경험을 합니다. 나무와숲에 몇 년을 다닌 학생도 있고, 몇 개월을 다닌 학생도 있는데 그 아이들의 글 속에 학교의 철학과 문화와 분위기가 그대로 녹아 있다는 것을 느꼈습니다.

가치는 지식의 전달로만 나타나는 것이 아니라, 잠재적 교육과정을 통해서 학습되는 것이 아닐까 하는 생각이 듭니다. 공동체의 분위기에 오래 노출되어 있을수록 아이들의 삶에는 그 분위기가 익숙해지고 묻어나는 것입니다.

현대 사회에서는 한 문장을 내걸고 그 문장에 조직의 문을 끼워 맞추려 안달하지만 나는 그런 인위적인 시도를 하고 싶지 않습니다. 학교의 철학이 존재하지만, 그들을 같은 색깔로 만들려는 시도는 하지 않을 것입니다. 개성과 다양성을 인정하고 그 다양한 색깔들을 존중할 때에 무지개색으로 하나 되는 것을 기대합니다.

이 책도 그렇습니다. 하루에도 감정이 수없이 바뀌는 아이들의 다양한 이야기가 표현되어 있습니다. 학교에 대한 부정적인 이야기도 그대로 다 담았습니다. 그 이야기도 함께 감내하고 공감하는 것이 공동체이기 때문입니다.

기독교 학교와 나무와숲학교에 관심이 있는 분들은 이 책을 꼭 미리 읽어보시기 권합니다.

나무와 숲 이야기

자녀교육에 관심에 있는 분들도 이 책을 읽으면 평범한 십 대들의 마음을 느끼고 인사이트를 얻게 될 것입니다.

나무와숲의 첫 번째 이야기 출간을 축하합니다!

이사장 격려사

신관식 (제주나무와숲학교 이사장, 법환교회 위임 목사)

나무와숲학교는 교장 선생님 이하 헌신적으로 학생들을 양육하는 교사들을 중심으로 든든하게 세워져 가고 있습니다. 또한, 제주도의 여러 교회가 이 놀라운 하나님 나라의 사역에 동참하고 있습니다.

제주선교의 미래에 다음 세대를 위한 투자보다 중요한 일이 있을까요? 제주도의 다음 세대를 위하여 섬길 수 있다는 것이 저에게도 큰 영광입니다. 이 일은 제주를 넘어 한국 교회를 섬기는 일이라고 확신합니다.

최근 일어난 전염병으로 인하여 세상에는 너무나 많은 변화가 일어났습니다. 그중에서도 교육은 엄청난 변화에 앞서 교육의 양극화라는 위기에 직면하게 되었습니다. 무엇보다 교회 예배당에도 가지 못하는 상황에서 아이들의 신앙도 바닥을 친 것이 사실입니다.

그런 의미에서 기독교 학교는 선택이 아니라 필수가 되었습니다. 제주도에 이런 멋진 기독교 학교가 있다는 것은 너무나 자랑스러운 일입니다. 많은 학생의 생각을 담은 이 책은 보물과도 같습니다. 보물 상자를 열어 보는 마음으로 첫 페이지를 열어보았습니다. 학생들이 어떤 생각을 하는지, 학생들이 학교에서 얼마나 소중한 시간을 보내고 있는지를 알 수 있는 내용이었습니다.

이 책을 읽게 되는 모든 분이 나무와숲학교의 위대한 사역에 직·간접으로 함께 하기를 바랍니다.

류덕중 (운영위원장, 대정교회 위임 목사)

푸른 나무 가득한 숲길을 걷고 싶습니다. 후박나무, 먼나무, 녹나무, 담팔수 그 푸르름이 가득한 우리 아이들이 그 숲에 있습니다. 생김새도 다르고, 피는 꽃, 맺히는 열매도 다르지만 한 숲에 있어서 아름다운 그림을 만들어갑니다. 있는 색, 없는 물감 다 사용하시는 하나님의 손길 속에서 그림은 더욱 선명해져 갑니다. 대지는 물을 내고 하늘은 빛을 선물합니다. 나무는 자라고 숲은 울창해질 것입니다. 그 나무들이 노래합니다. 그 숲이 향기를 발합니다. 한 마리 찌르레기가 되어 나무들이 부르는 노래를 들어주세요, 한 마리 백록이 되어 그 숲이 발하는 내음새를 맡아주세요. 그 노래 이 내음새는 우리 아이들의 것이니까요.

Our Story

학생의 글

- 나의 프로필
- 나무와숲에 오기까지
- 나무와숲 그곳이 궁금하다.
- 나무와숲 장·단점
- 다시 선택의 길이 주어진다면?
- 나무와숲 일과가 궁금해.
- 에피소드
- 나무와숲 선생님은요?
- 나무와숲 의미와 교육철학
- 나의 최애 수업
- 대학진학에 관한 나의 생각
- 대안학교 꼭 필요할까?
- 전하지 못한 아쉬운 한 마디….

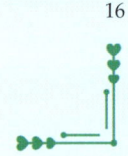

학생의 글

나의 프로필

김은교 10학년 김은교입니다. 2019년도에 처음 나무와숲학교에 왔어요. 올해 3년째가 되었네요.

장래 직업은 청소년 상담사가 되어서 어렵고 힘든 청소년기를 보내고 있는 친구들에게 희망을 주고 싶어요. 주변에 안타까운 친구들이 있거든요. 내가 경험했던 많은 것을 다른 청소년들과 공감하면서 행복한 청소년기를 보내도록 도와주고 싶어요. 상담사가 되기 위해서는 수능을 봐야 좋기 때문에 지금부터 차근히 단어도 외우고, 문제를 푸는 등 하나하나씩 준비하는 중이에요.

미래에 대해 구체적으로 생각해본 적이 없고 항상 추상적으로 생각해왔어요. 이제는 미래에 대한 비전을 갖고 주변 사람들에게 좋은 영향을 주는 사람이 되고 싶습니다.

박신비 10학년 박신비입니다. 아직 내가 누구인지 어떤 일을 위해 이 땅에 왔는지 아직 잘 모르겠어요. 하지만 하나님의 소중한 자녀라는 것은 알아요.

나의 꿈은 생명과학 연구원이에요. 새로운 도전을 할 때는 두려움이 많은 편이긴 해도 실험하고, 관찰해서 과정이든, 결과이든 나의 연구를 다른 사람들에게 설명할 때면 기분이 좋아져요.

다른 사람 눈에는 평범한 학생처럼 보일 수 있지만, 나만의 매력을 찾아 언제나 열정적으로 노력하고, 많은 경험을 하고, 나 자신을 사랑하면서 주님께서 이 땅에 창조한 많은 생명의 매력을 찾아주는 연구원이 되고 싶어요. 그리고 주님께서 주신 나만의 능력을 찾아 낮은 곳에서 하나님의 소중한 자녀로 빛과 소금의 삶을 살고 싶어요. '내가 너와 함께한다.'라고 말씀하시는 주님을 믿고 나아가려고 노력하고 있어요.

대학교는 부산대를 희망하고 있고 생명과학과에 진학해 생명과학연구원이 되고 싶어요. 그 꿈을 이루기 위해 어떤 방법이 있는지, 어떤 미래를 꿈꾸고 있는지 알아 보려고 해요. 그리고 공부를 열심히 해서 성적을 올리고 과학적 사고력과 독창적인 탐구력을 올리고, 내가 진정으로 왜 꿈을 선택했는지 알고, 어떻게 하면 사회에 기여할 수 있는지 고민하면서 비전을 향하여 조금씩 나아가야 한다고 생각해요. 내가 꿈꾸는 미래의 나는 많은 생명의 매력을 찾아주고 많은 사람에게 도움이 되는 연구원이 되고 싶어요.

박이슬 안녕하세요? 하나님께서 나를 통해 이루고자 하시는 사명을 위해 노력하고 있는 박이슬입니다.

나의 꿈은 원래는 확고하게 상담심리학을 전공할 계획이었으나 나무와숲에 와서 나를 돌아보고, 많은 생각을 하게 되면서 언론홍보도 배우고 싶어졌습니다. 대학은 새로운 것을 배우기 위해 가는 것으로 생각하기 때문에 꼭 기자나 아나운서로 일하기 위해서

가 아니라 배우기 위해서 언론홍보학과에 진학하고 싶습니다. 복수 전공으로 심리학도 전공하여 다음에 상담심리 쪽으로 대학원도 진학할 생각입니다. 악한 세상 속 상처받고 있는 영혼들이 힘든 상황에서 벗어나 스스로 올바른 길을 찾아가고 더 나은 선택을 할 수 있도록 도와주는 일을 하는 상담 심리전문가입니다.

그리고 사회 개혁이나 구조적인 문제점을 개선하는 사람이 되고 싶기 때문에 청소년 기자 활동이나 유튜브 활동을 지속하고 대학에 진학해서도 다양한 열린 기회들을 활용할 생각입니다.

미래의 내가 어떤 모습일지 알 수 없어서 섣부르게 미래의 내 모습을 정의 내려서 끼워 맞추고 싶지 않습니다. 그저 나의 역량을 기르고 매일매일 노력하여 더 나은 나의 모습을 만들기 위해 완벽한 미래를 꿈꾸며 가만히 기다리는 것이 아니라 능동적으로 노력하며 자신의 미래를 쟁취하는 것입니다. 현재 유튜브 '이슬비leeseulbi' 채널의 운영자입니다.

내 또래 청소년들의 마음속에 있는 짐을 조금이나

마 공감해주고 덜어주기 위해 고민하는 중입니다. 좋아하는 것과 싫어하는 것이 뚜렷하고, 이미 이룬 것과 앞으로 하고 싶은 것에 대해 함께 이야기하는 것을 좋아합니다. 그리고 무엇보다도 사람을 좋아합니다. 내게 닥친 모든 상황에서 배울 점을 찾고 삶에 적용하는 것을 즐기고 있습니다. 하나님께 순종하는 삶을 살기 위해 노력하고 있습니다. 좀 더 타인의 말과 의견에 귀 기울이고, 좀 더 나의 마음을 돌아보며 앞으로 나아가려고 합니다.

김연수 17살 김연수입니다. 좋아하는 것은 노래, 피아노 치기 그리고 운동입니다. 축구, 농구, 볼링을 잘한다는 칭찬을 듣습니다. 내 꿈은 싱어송라이터입니다. 어릴 때 꿈은 가수나 피아니스트가 되는 것이었습니다. 그러다 이 두 가지를 같이 할 수 있는 것은 무엇일까? 하고 찾아보다 싱어송라이터가 제격인 것 같아 싱어송라이터의 꿈을 꾸고 있습니다. 실용음악과를 생각 중인데 그중에서 작곡, 보컬 중에서 고민 중입니다. 아직은 부족한 점도 많지만 그래도 자작곡을 만들고 노래 레슨도 다니고 있습니다. 최근에는 오디션을 보러 다니면서 경험을 쌓고 꿈을 키워나가고 있습니다. 많은 사람이 제가 만들고 직접 부른 노래를 들을 수 있기를 희망합니다.

황예은 2021년도 나무와숲학교 신입생으로 들어오게 된 학생 18살 황예은입니다. 진로는 인테리어 디자이너예요. 미술 학원에 다녔었는데 그때는 정시로 대학을 가려고 했었어요. 그런데 미술 학원을 운영하시는 아는 이모께서 많은 도움이 되는 조언을 해주셔서 지금은 미술 학원을 잠시 그만두고 대학을 수시로 가기 위해 검정고시 만점을 준비하고 있어요. 그 이후 다시 미술 학원에 다니면서 실기 준비를 하려고 생각 중이에요.

나와 같은 꿈을 꾸고 있는 친구가 있는데 그 친구와 함께 대학교를 졸업하고 '이케아'에 입사해서 여러 가지를 배우다가 퇴사한 후 함께 인테리어 회사를 세우기로 했어요. 나중에는 우리가 만든 회사가 모든 사람 입에서 인테리어하면 우리 회사 이름을 말할 정도로 성공할 거예요!!

나무와숲학교에 와서 이렇게 글쓰기 수업도 해보며 좋은 추억을 하나 더 쌓게 된 것 같아서 정말 행복해요. 이렇게 특별한 경험을 할 수 있게 해주신 나무와숲 선생님들과 황준연 작가님 정말 감사합니다!

김이삭 16년 육지 생활 마치고 2021년에 제주도로 온 17살 김이삭입니다. 나는 야구를 무척 좋아합니다. 그런데 학교에 야구부가 없어서 원하는 야구를 하기 위해 추진 중입니다. 나무와숲학교는 스스로 추진하는 방법을 가르쳐주기 때문에 이곳에서 열심히 자기계발을 하고 있습니다.

장현준 19세이며, 진로는 경찰 쪽으로 정하고 경찰행정학과가 있는 대학에 가고 싶다. 경찰이라는 목표를 가지고 준비해야 할 것들이 있다.

첫 번째는 공부다. 왜냐하면 열심히 공부해서 더 좋은 대학을 갈 수 있기 때문이다. 두 번째는 운동이다. 운동해서 몸을 건강하게 만들어 놓으면 나중에 경찰이 될 때 이점이 될 것 같기 때문이다. 세 번째는 인성이다. 인성이 나쁘면 삶의 전반적인 것들도 나쁘리라 생각한다. 또한, 사람들과 관계를 맺을 때 나쁜 영향을 미친다. 그래서 인성이 중요하다. 나는 공부와 운동을 열심히 하고 좋은 인성을 쌓기 위해 노력하려고 한다.

내가 생각하는 미래는 경찰이 되어서 힘든 사람들을 도와주며 보람을 느끼는 그런 모습을 꿈꾸고 있다.

이영빈 17살 이영빈입니다. 나는 다른 사람에게 편한 사람이 되고 싶어요. 왜냐하면, 서로 편한 관계가 될 때 좋은 만남을 지속 할 수 있기 때문이에요. 지속한 좋은 만남을 갖는 것이 좋거든요. 그래서 존경하는 인물도 푸욜이에요. 푸욜은 인성이 좋아 많은 사람에게 사랑받는 축구선수에요. 평소 스포츠를 즐기고 꿈도 그쪽으로 생각하고 있어요. 스포츠 중에서도 농구, 축구, 골프를 좋아해요. 스포츠를 즐기면 스트레스가 풀리고 친구들과 함께 땀 흘리면서 뛰면 기분이 좋아지기 때문이에요. 그중에서 제일 즐기고 잘하는 것은 골프예요. 가능하면 골프 쪽으로 진로를 희망하고 있어요.

임희성 안녕하세요. 제주도에 사는 임희성이라고 합니다. 학교는 권오희 목사님이 운영 중이신 나무와 숲학교에 재학 중입니다. 나는 목표를 세우고 그 목표를 달성하는 사람이 되고 싶습니다. 거창한 목표가 아니더라도 스스로 세운 목표를 성취해 가는 것이 무엇보다도 중요하다고 생각하기 때문입니다. 그리고 '타산지석'이라는 말처럼 살면서 만나는 어떤 사람이라도 존경하며 배울 점이 있다고 생각합니다. 그래서 어떤 일은 하는 것도 하나에 매이기보다는 날마다 새로운 것을 찾아서 다양한 경험을 해 보는 것을 좋아합니다. 요즘은 글 쓰는 것이 좋아서 열심히 글을 쓰고 있습니다. 나무와숲학교에 들어가기로 하고 저는 12월 30일에 장래 희망을 정했습니다. 책을 좋아하고, 중학교 시절 성적을 망친 주범 중 하나였던 웹 소설을 글로 써보고 싶은 생각이 들었습니다. 그래서 '네이버 웹 소설'이란 사이트에서 가명으로 소설을 올리기 시작했습니다. 그 결과 한 달 만에 조회 2만을 달성했습니다. 꼭 웹 소설이 아니더라도 글 쓰는 것을 좋아하게 되어 작가의 삶을 꿈꾸기 시작했습니다. 다음에 제가 쓴 글을 꼭 읽어 주세요.

현예담 안녕하세요! 10학년 현예담입니다. 저는 다른 사람에게 좋은 영향을 끼치는 사람이 되어 많은 사람에게 도움이 되는 사람이 되고 싶습니다. 저에게 이러한 영향을 주신 나무와숲학교 선생님들을 존경하고 있습니다. 또 노래 부르는 것을 좋아하고, 피아노 치는 것을 좋아합니다.

김효민 나의 이름은 김효민이고, 제주도에 살며, 제주도를 벗어나고 싶은 고3이다. 먹는 것과 운동을 좋아하고 공부는 싫어한다. 나의 성향은 게으른 완벽주의자이다. 완벽하지 않으면 엄청 신경이 쓰이고 불편하지만 게으름이 모든 것을 이긴다. 내 장래 희망은 활동적인 일을 좋아하고 다른 사람의 목숨을 지키고 싶어 소방관이다.

김은송 나무와숲학교 5년 차. 고인 물 김은송이라고 합니다. 저는 스스로 제한을 두지 않고 끊임없이 성장하려고 노력하는 사람이 되고 싶습니다. 서의 취미는 사진찍기와 다이어리 꾸미기입니다. 오늘 하루를 돌아보며 다시 생각을 정리할 수 있고 사진으로 추억을 남기는 것이 좋기 때문입니다. 나무와숲학교 교장쌤이신 권오희 목사님을 존경합니다. 목사님은 새롭고 다양한 관점에서 바라 볼 수 있는 시선을 키워주시고 각자의 역량에 따라 성장할 수 있게 도와주십니다. 그 모습을 보고 저도 다른 사람이 성장할 수 있도록 도와주고 선한 영향을 끼치는 사람이 되고 싶습니다.

이현서 한 사람이 살면서 경험할 수 있는 특별한 일들이나 개성들은 분명 한계가 정해져 있을 겁니다. 특히, 집 밖으로 잘 나가지도 않고 집에 틀어박혀 있던 저 같은 사람에게는 더더욱 말이에요. (딱히 특별하거나 인상적이진 않지만 벌써 하나 말했네요) 하지만 누구나 한두 가지는 자기에 대해 소개할 만한 일이 있을 것으로 생각합니다. 저는 인생을 대체적으로 꽤 평탄하게 살았다고 생각하지만, 작년에는 게임에 미쳐서 1년에 5,200시간을 찍는 기염을 토하기도 했거든요. 또 그거 때문은 아니지만 국제학교를 때려치우고 나오기도 했어요. 그리고 이런 일들과 설명하기 어려운 수많은 일이 모여 저라는 사람을 만들었다고 볼 수 있겠죠. 그 결과 지금의 니는 나무와숲 기독교 대안학교를 다니고 있는 수학을 좋아하는 11학년 이현서입니다.

한준수 저는 나무와숲학교에 다니고 있는 한준수라고 합니다. 저의 취미는 누워서 핸드폰을 하거나, 노래를 부르거나 게임을 합니다. 제가 좋아하는 것은 노래와 게임입니다.(그렇지만 잘한다는 것은 아닙니다. 음치, 박치)제가 싫어하는 것은 약간의 채소와 저를 짜증 나게 하는 것(?)은 좀 싫어하는 편입니다. 저의 꿈은 방송인입니다 지금은 아직 서투른 영상 편집을 하지만 점차 성장하려고 많은 콘텐츠를 짜면서 노력 중입니다. 저는 사교성이 좋은 사람입니다. 처음 본 사람도 친하게 지내기 위해서 말을 많이 거는 성격입니다. 그렇다고 사교성이 엄청 좋은 것은 아닙니다. 저도 낯을 가리는 성격이어서 먼저 말을 못 하기도 합니다. 저의 MBTI는 INFP입니다. (이 유형 많을 거로 생각합니다) 저는 하고 싶은 게 매우 많은 아이입니다. 여태까지 해보지 못한 게 많으니 하나하나 천천히 해나갈 생각입니다. 저는 굉장히 활동적인 사람입니다. 저는 행복한 미래를 꿈꾸고 있습니다. 지금 행복하지 않다는 것은 아닙니다. 하지만 제가 생각하는 행복은 주변 사람들까지 행복하게 사는 것입니다.

대한민국에 살면서 돈 걱정 안 하고, 사람 걱정 안 하는 그런 삶을 사는 것. 이것이 제 나름 행복을 꿈꾸는 미래입니다.

김동준 난 키가 193으로 좀 큰 편이야. 처음에는 말이 없는 것 같지만 시간이 지나면 꽤 드립(?)을 하는 편이지. 그렇다고 수다스럽지는 않아. 나도 입이 묵직한 남자라고.

최수한 나무와숲의 마스코트, 학교의 자랑 최수한입니다. 내가 좋아하는 것은 너무나도 많습니다. 왜냐하면, 무언가를 잘하면 그 무언가를 좋아하기 때문입니다. 자랑은 아니지만 난 무언가를 하면 항상 잘하기 때문에 그런 것 같습니다. 뭐 이런 녀석이 있냐고 생각하시겠죠? 괜찮습니다. 저는 그런 저를 사랑합니다! 저는 기독교 대학인 한동대를 갈 생각입니다. 단지 기독교라는 이유로 대학에 가는 것이 아니라 그 대학의 시스템이 마음에 들고 외국에 교환학생으로도 쉽게 갈 수 있기 때문입니다. 아직 외국에 있는 대학 중 어디로 갈지 정하지는 않았지만, 더 넓은 시야로 세상을 보고 그들의 문화를 체험하며 새로운 곳을 탐험 해보고 싶어서 외국에 있는 대학을 가고 싶고, 꼭 갈 생각입니다. 아직은 진로를 찾지 못해 어느 곳에서든 다 유용하게 사용할 수 있는 영어를 열심히 배우고 있습니다.

나무와숲에 오기까지

은교 어느 날 엄마가 나무와숲이라는 대안 학교가 있는데 다녀보는 것이 어떠냐고 물어보셨습니다. 나는 새롭게 환경이 바뀌는 것을 좋아하지 않아서 별로 오고 싶지 않았습니다. 1년 동안 다니던 일반 학교에서 다른 아이들처럼 평범하게 지내고 싶었습니다. 그러나 부모님께서 계속 나를 설득하셔서 나를 깊게 생각해 보게 되었습니다.

나의 학교생활, 인간관계 특히 친구들과의 관계에 있어서 혼자 자격지심도 느끼고 사소하고 작은 일에도 괜히 스트레스를 받으며 힘들어했던 것 같습니다.

예를 들면 친구들의 유행에 따라가지 않으면 안 될 것 같고, 어떤 일도 별로 하고 싶지 않은데 그렇다고 나만 안 하면 무리에서 열외 될까 봐 억지로 했던 인도 있었습니다. 이렇게 학교생활은 나도 모르는 사이에 아주 힘들었고 지쳐있었다는 것을 깨닫게 되었습니다. 그러다 자연스레 나무와숲학교를 다시 한번 생각해 보게 되었습니다. 언니는 이미 나무와숲학교에 다니면서 점점 성장해서 어떠한 일을 할 때도 당당해 보였습니다. 그 모습을 보면서 '나도 가볼까? 나도 성장 할 수 있을까?'라는 생각을 하게 되었고 결국엔 전학을 결정했습니다. 내가 내 자신을 보지 못할 때 부모님께서는 저를 정확하게 보셨던 것 같습니다. 지금 부모님과 나의 선택에 감사하고 만족합니다.

신비 나는 유치원 때 중국에 가서 초등학교 3학년까지 살다 왔습니다. 한국어를 익혀야 할 시기에 중국어를 배웠기에 한국에 다시 돌아왔을 때는 아무와도 말이 통하지 않아 힘들었던 기억이 있습니다. 내 또래 아이들은 글을 장문으로 쓰는데 나는 단어 하나도 제대로 쓰지 못했습니다. 열심히 노력해서 기본적인 점수만 간신히 받았습니다. 하지만 세상 사람은 내가 열심히 노력한 과정은 봐주지 않고 단지 점수만 보고 나를 평가했습니다.

나무와 숲 이야기

나만의 개성을 잃어버렸고, 나의 삶의 목적은 세상이 만든 시험을 위해 살았습니다. 그러면서 내가 다른 사람과 비교되도 당연한 줄 알았습니다. 점점 나의 존재 가치를 잃고, 세상이 만들어 놓은 틀에 마음이 다쳐도 계속해서 끼워 맞추려고 했습니다. 그래서 주님과 더 많은 시간을 보내며 다시 나를 찾아가려고 이 학교에 오게 되었습니다.

사실, 처음에는 오기 싫었습니다. 내가 노력해서 쌓아온 점수들과 기록들을 버리기가 쉽지 않았습니다. 하지만 '나는 정말 소중할까? 정말 세상에 필요하고 많은 사람을 도울 수 있을까? 나는 진짜 누구일까?'라는 질문의 답을 찾고 싶었습니다. 두렵지만 나와 함께 하시는 주님을 믿고 어둠 속에서 놓쳐버린 주님의 손을 다시 잡으려고 이곳에 오게 되었습니다.

예은 대안학교에 오게 된 이유는 공부 때문이있어요. 일반 학교에 다니면서 학원과 숙제에 바쁘게 쫓기며 지내다가 예비 고1이 되니까 다녀야 할 학원도 늘어나고 해야 할 공부량이 너무나도 많아졌어요. 그런데 휴대전화에 자꾸 시간을 뺏겨서 숙제를 학원가는 당일에 급하게 하다 보니 공부 앱이나 번역기 앱으로 숙제 답을 알아내어 베끼기까지 했죠. 게다가 학원에 12시 넘어서까지 있게 되니까 더 힘들고 집중도 안 돼서 시간 낭비만 하고 오는 날이 점점 늘어났어요. 집에 가면 부모님께 힘들다는 이유로 짜증내기 일쑤였죠. 그렇게 스트레스가 쌓여가던 어느 날 또 핸드폰에 시간을 뺏겨서 급하게 숙제를 베끼는 내 자신을 보니 막 눈물이 나왔어요. 자꾸 숙제를 베끼는 내가 싫기도 하고 시간 낭비만 하고 오는 나를 위해 학원비를 내주시는 부모님께 죄송하기도 했어요. 그래서 어느 날 학원가기 전 엄마랑 얘기했어요. 그동안 어떻게 숙제를 했는지, 학원에서 어떻게 수업을 들었는지 모든 것을 솔직하게 털어놓았더니 엄마가 대안학교에 관해 얘기해 주셔서 고민해보다가 이곳 나무와숲학교에 오게 되었어요. 선택을 잘했다고 생각해요. 좋은 곳에 오게 되었어요.

영빈 대안학교에 온 이유는 엄마의 추천과 대안학교가 좋아 보였기 때문입니다. 일반 고등학교를 가려고 했지만. 공부만 하는 것은 적성에 맞지 않아 일반 고등학교에 있을 때 공부가 힘들었기 때문입니다. 친구들과 떨어지는 것은 아쉽고 서운했지만 나에게는 대안학교가 일반 학교보다는 나을 것 같아서 이곳에 입학했습니다. 지금은 잘 적응했고 적응도 빨리할 수 있어서 좋았던 것 같습니다.

희성 그냥 평범한 중학교 생활 후 진로를 결정하게 되었습니다. 하지만 평소 하고 싶은 일을 생각해 본 적이 없어서 오래 고민하게 되었습니다. 하고 싶은 것이 없어서 인문계 가서 공부하려 했으나, 중학교 시절 너무 놀았던 탓에 인문계에 갈 성적이 조금 부족해서 못 가게 되었습니다,

진학을 고민하던 중 목사님의 추천을 받았습니다. 부모님께서 말씀하시길 나무와숲학교는 공부보다는 자기 계발을 중요시 하고 공부는 자기 스스로 하는

학교라고 하였습니다. 그때는 학교 담임선생님이 추천하신 조금 멀리 떨어진 인문계를 고민하던 중이었지만, 오랜 고민 끝에 주야장천 공부만 하고 싶지는 않았습니다. 그렇게 나무와숲학교에 들어오게 되었습니다.

현준 나무와숲학교에 오게 된 이유는 일반 학교에서 경쟁과 차별로 인한 스트레스를 많이 받아서 차별과 경쟁이 없는 학교에서 공부하고 싶었기 때문입니다. 학교생활을 하면서 스트레스를 많이 받지 않는 학교를 찾던 중 나무와숲학교를 알게 되어서 오게 되었습니다.

지금 이곳에서 스트레스받지 않고 재미있게 공부할 수 있어서 좋습니다.

이슬 지금까지의 제 인생은 다사다난해지고 볼만했습니다. 많은 경험을 했지만 그 과정에서 느낀 것은 공교육은 절대 좋은 교육이 아니라는 것입니다. 본래 청소년 시기는 새로운 것들을 알아가며 내가 누구인지 알아가는 시기입니다. 그러나 공교육의 획일화된 틀 속에 주입식으로 많은 양의 의미 없는 정보를 욱여넣습니다. 학생들은 내가 왜 이것들을 배워야 하는지 그 이유도 알지 못한 채 무작정 노력하고 있습니다. 사람마다 추구하는 가치가 다르기 때문에 각각의 사람에게 알맞은 학교도 다릅니다. 그러나 보통은 알맞은 학교에 대해 깊이 고민하지 않고 일반 학교에 진학합니다. 그게 보편적이라고 생각하기 때문입니다. 그러나 보편적인 것은 결국 모두가 똑같은 사람이 되도록 만들어냅니다. 그러기에 가치관과 교육방식에 관심이 많으신 학부모님은 대안학교를 많이 선택하고, 그중 우리는 기독교 가치관이 빛나는 나무와숲을 선택했습니다.

물론 학교의 공부를 통해 끈기와 한계를 이겨내는 것을 배우고 노력하는 방법을 배울 수 있습니다. 그러나 고통스러운 입시의 현실 속에서는 얻는 것보다 잃는 게 더 많습니다.

끈끈한 우애를 가지게 될 수도 있었던 친구는 모두 경쟁자가 되어버립니다. 교육 구조상 최상위권만 챙길 수밖에 없는 선생님은 원수와 같은 존재가 되기도 하죠. 공부한 것들은 삶 속에서 도움이 되거나 활용하는 것이 아니라 다시는 꼴도 보기 싫은 정보들이 됩니다. 그리고 나는 그런 공교육의 폐해 속에서 '이곳에는 내 인생에 도움이 될 것이 아무것도 없구나.'라는 것을 깨닫고 중학교 1학년, 고등학교 1학년 두 번의 자퇴를 하게 되었습니다.

중학교 1학년 자퇴 이후의 생활은 그야말로 천국과 같았습니다. 자유의지를 가지고 놀고 싶을 때 놀고, 쉬고 싶을 때 쉬며 나 자신을 돌아보는 시간을 가졌습니다. 그러다가 배우고 싶은 것들이 생겼고, 중국어 학원과 학교 밖 청소년 센터를 다니며 라디오에 출연하고, 영화를 제작하며 많은 사람을 만났습니다.

지금도 그 시절은 간절히 돌아가고 싶을 정도로 행복한 시기입니다. 하루하루가 즐거웠고, 많은 것을 배웠으며, 학교에서는 절대 배울 수 없는 값진 경험을 했습니다. 그 덕에 성장하게 되었고 지금의 내가 되었습니다.

시간이 흘러 두 번째 자퇴를 하게 된 뒤 부모님께서 나무와숲학교에 관한 이야기를 하셨습니다. 학교의 가치관이 정말 빛나 보였습니다. 권오희 교장 선생님과 직접 면접을 하면서 많은 대화를 했습니다. 나무와숲에 대해 알아갈수록 가슴이 뛰었고, 다시 도전해보고 싶어졌습니다. 결국 나는 '기독교 세계관으로 운영되는 학교는 조금이라도 다를까? 내가 하고 싶은 것들을 하고, 배우고 싶은 것을 배우며, 올바른 사람으로 성장해나갈 발판이 될 수 있을까?'라는 궁금증을 가지고 나무와숲학교에 오게 되었습니다.

공교육에서 벗어났다고 해서 다 엇나가는 것은 아니며, 오히려 더 훌륭하게 성장할 수 있다는 것을, 학교 밖 청소년이라고 해서 '사회 부적응자' 딱지가 붙는 시대는 지나갔다는 것을 그리고 공교육과는 비교도 할 수 없을 만큼 사람을 크게 성장시키는 대안 교육이 있다는 것 내 삶을 통해서 증명하고 싶었습니다.

또 나와 같은 학교 밖 청소년들이나, 자퇴하고 싶은 사람들을 위해 자퇴에 대한 인식을 개선하고 싶습니다. 또한 그들을 위해 실질적인 정보전달을 해주며 도움을 주고 싶습니다. 불과 20년 전만 해도 학교 밖 청소년들은 '비행 청소년'이라고 불리며 배척당했습니다. 그러나 앞으로는 어떤 학교 밖 청소년도 배척당하지 않게 될 것입니다. 그 노력의 시작을 나무와숲학교에서 해나가기로 했습니다. 나에게 소망을 주시고 엇나가지 않도록 이끌어주신 하나님을 찬양합니다.

연수 20년 11월 중반부터 나무와숲학교 예배 반주로 섬기게 되었습니다. 그렇게 자연스럽게 학교를 알게 되어 학교에 관한 관심도 생겼습니다. 학교의 분위기를 느껴보면서 한번 다녀보고 싶다고 생각했습니다. 코로나가 심해져 대면 예배가 안 되어 학교에 가지 못하자 교장 선생님인 권오희 목사님과 친하게 지내신 전도사님께서 '나무와숲학교에 다녀보지 않겠냐?'라고 제안하셨습니다. 부모님까지 저를 설득해서 학교에 입학하게 되었습니다.

이삭 육지에서 대안학교를 다녔는데 제주에 있는 지인의 추천으로 오게 되었습니다. 어릴 때부터 친했던 동생의 엄마께서(크리스천) 대안학교를 추천해 주셔서 대안학교의 존재도 몰랐던 제가 대안학교에 다니게 되었습니다.

나무와숲에 오기 전에 육지 대안학교 두 곳을 다녀봤는데 그곳도 학생들끼리 친밀감이나 선후배와 관계는 원만한 편이나 지켜야 할 선이 빡센편이었습니다. 그러나 나무와숲학교는 그런 것 없이 선후배를 뛰어넘어 선생님과의 관계도 가족처럼 편하고 좋은 것 같습니다.

예담 중학교 진학을 결정해야 할 때 부모님께서 나에게 대안학교로 진학하는 것이 어떠냐고 했지만, 일반 중학교에서 친구들과 노는 것이 더 좋아서 일반 중학교로 가겠다고 했습니다. 그렇게 시간이 흘러 고등학교 진학에 대하여 고민하고 있을 때 교회에서 친구가 대안학교에 관심이 있어 목사님과 상담 하는 것을 우연히 듣게 되었습니다. 그 이후 진학과 진로에 대해서 많이 고민하다가 이 길로 가는 것이 옳은 것 같은 생각이 들었습니다. 또한, 하나님과 동행하는 삶을 살고 싶어 나무와숲학교를 오게 되었습니다.

효민 어머니에게 학교 소개를 받고 이 학교에 대해 알아보았는데 일반 학교처럼 공부만 하지 않고 다양한 체험을 해서 신선했다. 나는 일반 사람과 다른 길을 가는 것을 좋아해서 일반 학교와 다른 이 학교에 끌렸다. 또 조사하면서 사진을 봤는데 모두가 서로 친해 보이고 우정이 깊게 느껴섰다. 애들이 행복해 보여서 이 학교에 지원하게 되었다.

현서 나무와숲학교에 오기 전에 저는 남들이 보기에 매우 좋은 학교에서 그저 공부만 하면 되는 환경이 갖춰진 채로 살았습니다. 철없는 소리처럼 들릴지 모르겠지만 저는 그때 그렇게 행복하지 않았던 것 같아요. 아무 생각 없이 사는 것보다는 조금이라도 더 행복하게 제가 원하는 인생을 살고 싶어서 나무와숲을 선택한 것 같아요.

준수 제가 대안학교에 오게 된 이유는 저는 사교성은 있지만, 성격이 좋지는 않습니다. 성격상 약간 분노조절장애가 있습니다. 그리고 모든 것을 귀찮아하는 나태함을 가지고 있기에 부모님은 모르셨지만 학교에서 왕따를 당하고 학교 성적은 바닥이었습니다. 매일 부모님께 혼났고 저의 자존감은 거의 내핵을 뚫을 정도였습니다. 그렇게 중3 후반 때 제 친구가 먼저 가게 된 대안학교라는 학교를 알게 되었습니다. 처음에는 공부 못 하는 애들만 간다는 생각과 친구들이 나와 안 친해질 것 같아서 싫었습니다. 그런데 대안학교의 홍보 영상을 보고 친구의 추천과 대안학교에 관한 이야기를 듣고서 조금씩 마음이 열렸습니다. 히지만 저의 마음에는 아직 자존감 바닥이라는 큰 고민이 있었습니다. 무엇을 하든 자신도 없었고 도전은커녕

이불 밖은 위험하다고만 생각하는 저였죠. 그래서 대안학교를 갈 자신도 없어서 그냥 학교에 있으려고 했습니다. 그럴 때 부모님께서 상담이라도 한번 받아보라는 말에 학교 상담을 받으러 나무와숲에 왔습니다. 가보긴 했지만 내키지는 않았습니다. 일단은 한번 받아보자는 식으로 와서 상담을 받아봤는데 권오희 교장 선생님께서 학교는 어떤지 말씀해 주시고 저에 대해서도 많이 물어봐 주셨습니다. 그것에 대해 답도 많이 하면서 대안학교에 관한 생각이 점점 바뀌기 시작했습니다. 안 좋은 관점에서 좋은 관점으로 바뀌게 되어 대안학교에 일주일간 다녀보기로 했습니다. 처음 3일은 적응도 못 했고 애들이랑 친해지지 못할까 걱정을 많이 했습니다. 그러다 4일째 될 때부터 애들이 먼저 말도 걸어주어서 대안학교 친구들과 아주 친해지고 선생님들께서도 잘 해주셨습니다. 그 이후 이 학교에 대한 좋은 생각이 많아져 대안학교에 정착하게 되었습니다.

동준 다니던 학교를 자퇴한 후 알바를 하다가 다음 년도에 복학하려 했는데 피치 못할 사정으로 인해 복학이 늦어지게 되어 이모가 대안학교를 다니는 걸 추천해 주셨어. 그렇게 대안학교를 찾다가 신앙을 가지신 할머니와 이모께서 기독교 대안학교를 추천해 주셨어. 나무와숲학교를 알게 되었고 거리도 가깝고 좋은 거 같아서 다니게 되었어.

수한 시작의 발걸음…. 초등학생 때부터 대안학교에 대해 알고 있었고 마침 아는 분이 이 학교를 추천해 주셔서 의심 반 기대 반으로 학교에 입학했습니다. 그런데 학교에 오자마자 동휘와 은송이 누나가 반갑게 손을 흔들며 인사해서 의심이 사그라지고 이 학교에 잘 왔다는 생각이 들었습니다.

나무와숲 그곳이 궁금하다.

은교 우리 학교는 기독교적 사명과 공동체 중심 그리고 자기주도 학습에 가치관을 두고 있습니다. 체험 활동, 조별 활동, 프로젝트 등 일반 학교보다 학생들의 참여가 많은 수업을 진행합니다. 그리고 한 학기에 한 번씩 공동체 주간이 있습니다. 이 시간에는 학생들과 친해지고 서로 협력할 수 있는 시간을 갖습니다. 기독교 대안학교이기 때문에 예배 시간도 있고 기독교 세계관을 배웁니다. 시모기 경쟁가가 아닌 주력자로 생활합니다. 그리고 서로의 의견을 들어가며 맞추어가는 학교입니다. 여러 가지 활동과 체험, 특강 등 다양한 분야를 체험하고 이야기를 들을 수 있습니다.

이삭 일반 학교와는 다르게 친구들끼리 더 친밀할 수 있습니다. (냉정하게 말하자면 일반 학교에서 친구들과의 관계가 힘들어서 왔던 친구도 있어서 왕따 아닌 왕따가 있을 수도 있어요. 물론 일반 학교 왕따랑은 차원이 다르답니다) 다녀본 곳 중에서 최고의 학교이고 선생님과 학생들 사이 벽이 낮습니다. 서로 친밀하고 수업도 재밌으며 하루하루가 즐겁습니다. 그리고 큰 특징은 채플 시간이 있다는 점인데요. 1시간 정도 예배드리는 시간이라 처음 온 친구들은 피곤할 수 있어요. 그리고 허물없이 지내는 공동체가 중요한 특징입니다.

수한 학교의 철학은 협동 즉 공동체라고 생각합니다. 이 학교에 처음 다니게 되면 학교에 적응하고 공동체에 대해 알 수 있도록 공동체 활동을 일주일 가량 합니다. 저 역시 그 활동으로 인해 많은 애들과 친해지게 되었고 공동체의 역활과 책임을 배우게 되었습니나. 또 아이들 한 명 한 명의 성겨도 권오희 목사님의 가르침을 받아서 그런지 재미있고 좋았습니다. 좋은 대안학교가 많겠지만 저는 나무와 숲 학교가 전

세계에서 가장 좋은 대안학교라고 생각하고 여기가 인생의 터닝 포인트라고 생각합니다.

신비 대안학교는 나에 대해 생각을 더 많이 할 수 있도록 도와주는 학교인 것 같습니다. 왜냐하면, 일반 학교에서는 사람을 시험 성적이나 등수 등 공부로만 평가합니다. 하지만 대안학교에서는 나의 개성과 꿈을 찾고 가치관을 형성할 수 있도록 도와줍니다. 하지만 대안학교는 시험을 우선으로 하고 있지 않아서 다른 학교에 비해 학습 수준이 떨어질 수 있습니다. 성적보다 다양한 경험이 중요하다고 생각하시는 분은 오셔도 좋을 것 같습니다. 대안학교는 나의 개성과 진로를 찾아주니까 공부를 해야 하는 이유와 목적이 없으신 분들은 대안학교로 오세요.

모든 학생이 다 성적에 관한 생각만 하게 됩니다. 자신에 대해 생각을 하지 않고, 성적에 포함되지 않는 부분에서는 의욕이 없습니다. 반대로 대안학교에서는 나에 대한 고민을 많이 하게 되니까 공부하는 이유와 목적을 분명히 알게 되고, 이 일이 나에게 도움이 될

지 안될지 찾아보게 됩니다. 그리고 사람을 평가하는 대상으로 여기지 않습니다.

예은 나무와숲학교는 자유롭고 학생들이 존중받는다는 걸 잘 느낄 수 있는 학교예요. 왜냐하면, 일반 학교에서는 옷이나 머리, 화장 등 제한하는 것이 많아 자유롭지 못했는데 나무와숲학교는 자유롭게 할 수 있어서 정말 좋고, 선생님들께서 학생들의 이야기에 귀 기울여 잘 들어주시고 최대한 학생이 주도적으로 할 수 있도록 도와주셔서 존중받고 있다는 느낌을 받아요. 그리고 나무와숲학교에서는 일반 학교와 다르게 다양한 수업을 많이 해요. 예를 들면 하브루타 수업, 글쓰기 수업, 액션 러닝 수업 등 유익하고 재미있는 수업이 많아요. 그리고 기독교 학교라서 신앙심도 더욱더 깊어질 수 있어서 좋아요. 내가 나무와숲학교를 광고하게 된다면 '특별한 10대를 보내고 싶다면 나무와숲학교에 오세요!'라고 광고하고 싶어요. 왜냐하면, 나무와숲학교는 일반 학교와는 다른 새로운 수업들과 체험활동이 많아서 즐겁고 행복한 추억을 쌓기에 정말 좋은 학교이기 때문이에요.

희성 솔직히 말하면 대안학교에 대해 별로 아는 것이 없습니다. 하지만 한 달간의 대안학교 생활로 느낀 대안학교에 대해 알려드리도록 하겠습니다.

대안학교는 학교다. 너무 당연한가요? 하지만 많은 사람이 대안학교는 학교가 아닌 줄 알고 있습니다. 중학교를 졸업하고 대안학교에 들어간다고 하니 친구들은 대안학교에 대해 잘 모르고 있었습니다. 대안학교는 특성상 교육청에서 인증한 학교가 아니기에 희망하는 고등학교를 기록하는 신익시에 저되를 희망했습니다. 담임 선생님은 내 결정을 존중하신다고 했지만 약간 아쉬운 느낌이셨습니다.

사실 비밀인데 내신 60% 안에 들지 못해서 시내 인문계 고등학교에 가기에는 불가능하였기에 선생님은 시에서 조금 떨어진 여러 인문계를 추천해 주셨지만, 너무 멀어서 조금 고민을 하던 중 대안학교 제의가 들어와서 그냥 될 대로 되라 하는 맘으로 온 학교였습니다.

이건 제 친구가 말해준 썰 인 데 그 친구가 어느 날 친한 형을 만났다고 했습니다. 여러 이야기를 나누다가 그 형이 친구에게 학교 어디 갔냐고 하자. 친구가 대안학교 갔다고 하자 그 형이 친구에게 "자세히는 모르는데 거기 학교 뭐 하는 곳인지는 알지?"라고 말해서 그 친구가 뭐 하는 곳이냐고 물어보자 그 형이 하는 말이 "응 거기 모자란 애들이 가는 곳이 잖아."라고 말했답니다. 그때는 그 말을 듣고 낄낄거리면서 들었지만 지금 생각해보면 조금 씁쓸해집니다.

이렇게 대다수의 사람이 대안학교를 일반 학교라고 생각하지 않고 학교에 적응하지 못하거나 문제가 있는 학생들이 다니는 조금 이상한(?)학교라고 생각하는 것 같습니다. 그런데 이런 시선들은 당연하다고 생각합니다. 하지만 대안 학교가 활성화 되고 장점들이 더 두각 된다면 대안학교에 대한 부정적 시선들도 차차 사라지리라 생각합니다.

현준 나무와숲학교는 일반 학교와 다르다. 왜냐하면, 일반 학교는 오로지 대학에 목표를 둔 경쟁체제의 학교라고 한다면 나무와숲학교는 대학만을 목표로 하지 않고 학생 한 명 한 명의 재능을 찾는 것을 목표로 하고 있다. 그리고 공부할 때도 경쟁하지 않고 다 같이 가는 것을 목표로 설정하여 나아가고 있다. 나무와숲학교는 공부만 하는 곳이 아니라 자기 자신이 무엇을 좋아하고 무엇을 잘하는지 찾도록 도와주는 곳이다.

이슬 정해져 있는 규정과 학직에 기만해서 운영되는 공교육과 달리 독자적인 신념을 바탕으로 학교 나름의 가치를 추구하며 운영되는 학교가 바로 대안학교입니다. 일반 학교는 나라에서 운영하는 기관입니다. 그렇기 때문에 모든 학교가 같은 방침을 가지고 비슷하게 운영됩니다. 따라서 어느 학교에 가도 공부만이 일 순위가 되며 모든 학생을 똑같이 획일화시킵니다.

우리 학교인 나무와숲의 경우 여러 가치 중 '기독교 가치관'을 바탕으로 운영이 되는 학교입니다. 하나님을 사랑하고, 서로 사랑하는 것에 중점을 두기 때문에 서로를 가족처럼 여기는 '공동체'를 중요시 하여 한 사람도 빠짐없이 화목한 분위기를 자랑합니다.

우리 학교는 어느 학교보다 '진짜 나'를 알아가기에 좋은 학교입니다. 대부분의 사람은 자기 자신을 스스로가 가장 잘 안다고 착각합니다. 그러나 '진짜 나'는 알아가려 노력할 때에 비로소 알게 됩니다. 그러나 일반 학교에서는 내가 아무리 힘들어도 다리 꼬집어가며 노력해야 하고, 성적만으로 나의 가치, 나의 등급이 정해지기 때문에 나를 잃어버리기 쉽습니다.

나무와숲학교에서는 하나님과 함께하는 시간, 다양한 진로 활동, 체험, 친구들과 동생들 그리고 선생님들과의 상호작용, 깊은 대화 등으로 '나 자신' 그리고 '나의 사명'을 알아가게 됩니다.

다른 학교와 다르게 자유로운 분위기이지만, 생활적으로 좋지 않은 부분으로 탈선하는 일이나 엇나가는 일이 없도록 철저하게 보호하고 있습니다. 그리고 공부를 많이 하든 적게 하든 상관없이 인문계 대비 스트레스를 받는 일이 확연하게 줄어듭니다. 이 말을 잘못 이해하면 아무 압력도 주지 않고 방치한다고 받아들일 수 있는데, 그게 아니라 스트레스를 주지 않는 환경이 조성되어 있다는 뜻입니다. 그와 더불어 앞으로 어떤 고난이 와도 이겨낼 수 있는 인내심, 자기효능감, 만족감, 감사함을 길러주어 성인이 된 이후에도 자신의 삶을 잘 책임질 수 있게 이끌어줍니다.

은송 꿈 드림이나 여러 프로그램을 통해 직업체험과 여러 외부 깅시님을 만나면서 다양한 경험을 할 수 있었다. 하지만 급하다, 지금 정해야 한다는 것이 마음에 들진 않는다. 일반 학교에서는 다 같이 공부하는 분위기와 정숙이 기본이라면 우리 학교는 365일 활기찬 분위기와 옆방에서 공부해도 눈치를 보지 않는 분위기이다. 밝은 분위기에 환경은 좋지만 공부할 때 같이 놀고 싶은 마음이 더 들어서 힘들 때도 있다.

첫 번째, 학생들의 의견을 들어준다.

선생님들께서 학생들의 의견을 많이 물어보고 수렴하려고 노력한다. 이런 과정을 거치면서 자신의 의견을 내세우는 것도 배우고 다른 사람의 의견에 순응하는 법도 배운다.

두 번째, 자기주도 학습을 늘릴 수 있다.

스스로 목표를 설정해 열심히 목표를 달성한다. 또 학생 수가 적다 보니 일반 학교보다는 숙제를 더 꼼꼼하게 확인하고 한 사람, 한 사람 확인하는 경우가 많아 꼼수 쓰기가 어렵다.

세 번째, 학생들이 수업을 만든다.

자신의 진로나 평소 관심은 있지만 하지 못했던 것들을 학교에서 실현할 수 있다. 이것 또한 수업이기 때문에 선생님의 검사가 필요하다.

네 번째, 체험 활동을 많이 한다.

5년 동안 체험한 것이 수도 없이 많다. 올레길 걷기, 소풍, 오름 가기, 캠프 등 많은 체험도 하지만 때론 역사탐방, 강의처럼 정적인 활동도 많이 한다. 동적인 것과 정적인 것을 절충하여 체험한다. 대안학교를 놀기만 하는 학교로 아는 사람이 많다. 하지만 공부도 많이 하면서 미래를 준비하고 있다. 그렇기 때문에 놀려고 학교에 오는 학생들을 위해서 공부하는 모습도 보여 주고 체험하는 모습도 보여 줄 것이다.

연수 학교 이름은 나무와숲입니다. 기독교 대안학교입니다. 학생들은 대부분 교회에 다니며 하나님을 믿는 사람들이지만 그렇지 않은 소수의 학생도 있습니다. 우리 학교는 반 구성이 특별하다고 생각됩니다. 초6~중1이 한 반, 중2~3이 한 반, 고1이 한 반, 고2~3이 한 반입니다. 일반 학교에서는 동갑끼리 한 반인데 대안학교는 다릅니다.

대안 학교에서는 과목 공부도 하지만 다른 특별한 수업이 있습니다. 직업체험, 하브루타, 코칭, 에세이 쓰기, 학습자 개설 수업 그리고 수업 시간 중 예배 시간이 있습니다. 학습자 개설 수업은 자기가 하고 싶은 수업을 직접 설계하고 계획해서 스스로 수업하는 겁니다.

예담 대안학교는 모두 기독교 세계관에 따라 운영되는 기독교 학교인 줄 알았습니다. 그런데 전혀 다른 의미임을 알았습니다. 대안학교는 일반 학교와는 다르게 공교육이 아닌 수업 시간 중 몇몇 시간을 체험 시간이나 특강을 넣어 교육하는 학교, 즉 내가 다니고 있는 나무와숲학교가 제대로 대안학교라고 합니다.

우리 학교는 아주 멋지고, 재밌고, 좋은 학교입니다. 이름은 나무와숲!! 이름만 들어도 막 들뜨는데요!

나는 나무와숲학교를 먼 거리에서 다닙니다. 그렇지만 전혀 나무와숲으로 온 것을 후회하지 않습니다. 왜냐하면 첫째, 너무나 좋은 친구들과 함께하기 때문입니다. 일반 학교에 다닐 때는 무리가 나뉘어 있고 친하게 지내기가 어려운 부분이 있었는데, 나무와숲은 그 반대로 무리가 없이 다 같이 친하게 지내며 수다도 떨기 때문에 함께 놀 수 있습니다. 둘째, 수업 시간이 지루하지 않고 재밌기 때문입니다. 일반 학교에서는 대체로 수업 시간이 시부하여 졸곤 했습니다. 그런데 나무와숲에 와서는 거의 졸지 않고 웃으면서 수업합니다. 간혹 졸리기도 하지만 잠까지는 아닙니다.

수업 시간표가 무조건 다 학과 수업이 아닌 체험활동이나 특강이 들어 있어서 너무나 재밌고 유익하고 신나는 수업을 해서 전혀 지루하지 않습니다. 마지막으로는 선생님들이 다 좋고 착하시기 때문입니다. 교장 선생님부터 교과 선생님 그리고 담임 선생님까지 다 너무 착하시고 좋습니다. 부드러우시고 항상 우리를 이해해 주시는 것이 너무 최고이십니다. 나무와숲에서 좋은 교육과 선생님, 친구들을 만날 수 있습니다. 많은 관심 부탁드려요!!

영빈 체험을 많이 해서 경험을 쌓는 것이 장점이다. 그래서 자신의 적성과 꿈을 찾는 데 많은 도움이 된다. 대안학교는 학업 스트레스를 덜 받는 것이 장점인 것 같고 적응도 빨리할 수 있어서 좋은 것 같다. 그리고 제일 중요한 건 등교 시간이다. 일반 학교들은 보통 8시 반까지 등교지만 나무와숲은 9시 반까지 등교한다. 가장 마음에 든다.

대안학교는 불량 학생이 없어서 장점인 것 같다. 대

안학교를 올 생각이 있으면 오는 것을 추천한다.

현서 대안학교는 정의상으론 인성 위주의 교육 또는 개인의 소질·적성 개발 위주의 교육 등 다양한 교육을 하는 학교로써 각종학교에 해당하는 학교라고 하는데 나는 일단 학생에게 생각할 시간을 주는 학교라고 생각한다. 만약 자신이 일반적인 학교에 맞지 않는다고 생각할 때 한 개 이상의 선택지가 있다는 사실 자체도 위안이 된다. 원래 교육 자체가 자신이 미래에 뭘 할건지를 결정하는 시간이라고 생각한다. 그래서 오히려 아무것도 하지 않고 방에 앉아서 19년 동안 자기 미래에 대한 생각만 할 수 있다면 오히려 그게 공부보다 나은 게 아니냐는 말을 어디서 들었다. 나도 여기에 어느 정도 동의한다. 대안학교는 우리의 꿈에 집중할 수 있도록 도와주는 장소인 것 같다.

준수 대안학교는 기독교 학교로 일반 학교랑은 다르게 하나님을 믿으며 일반 학교에서 내신과 중간고사, 기말고사로 대학교를 진학할 때, 대안학교는 자기가 하고 싶은 쪽으로 할 수 있도록 하며 검정고시를 합니다. 일반 학교는 학생들이 끼리끼리 모여서 따로따로 놀기도 하는데 대안학교는 다 같이 공동체로 활동을 하기에 낙오되는 애들 없이 함께 지냅니다. 그리고 대안학교에서는 선생님들이 힘들거나 안 좋은 일들이 있을 때 고민도 들어주기도 하며 같이 해결해 주시기도 하십니다. 또한, 청소년 포상제라는 프로그램이 있는데 청소년 포상제는 자기가 하고 싶은 것을 기획해서 할 수 있도록 합니다. 일반 학교에서는 시험을 위해서 학생 한 명 한 명이 이해를 못 해도 빠르게 넘어가는 경우가 대부분인데요. 대안학교에서는 그런 시험이 없기 때문에 모두가 이해 되도록 공부를 가르칩니다.

저는 일반 학교랑 다른 점을 실제로 사람들에게 보여줄 것 같습니다. 영상을 찍을 때 VLOG식으로 학생들이 원래 하던 방식으로 영상을 만들어 사람들에게 광고할 것 같습니다. 그래야만 사람들이 나무와숲이 무슨 활동을 하는지 정확히 알 것 같습니다.

학교를 정하는 건 자신들의 마음이니 온다고 한다면 모든 짐을 내려놓고 대안학교 안 좋다는 편견을 버리고 왔으면 좋겠습니다.

동준 특징이라 하면 공동체가 눈에 띄는 거 같아. 친구와 갈등이 생기면 빠르게 갈등조정을 해주는 선생님들은 학생의 슬픔을 공감해 주는 공감 능력이 상당히 뛰어나신 것 같아. 그래서 처음에는 그런 부분이 오히려 적응하기 힘든 것도 있었어. 하지만 시간이 지나면서 그 모습이 형식이 아닌 선생님들의 진심이었다는 것을 알게 되었어.

나무와숲 장·단점

은교 우리 학교의 장점은 먼저 9시 30분에 등교한다는 것입니다. 그리고 다른 학교에 비해 교칙이 많이 없고, 상벌점제도 없어서 상대적으로 자유롭습니다. 그리고 선생님들과의 소통이 잘 되기 때문에 모르는 것은 자유롭게 질문할 수도 있고, 조언도 많이 들을 수 있습니다. 또한, 일반 학교는 학습 진도에 맞춰야 하는 공부이지만 우리 학교는 자신에게 맞는 공부를 할 수 있어서 너욱 효과가 좋습니다. 그리고 일반 학교보다 활동하는 시간도 많고 체험활동, 다양한 분야의 강의를 통해 많은 것을 경험하고 듣고 느낄 수 있어서 좋습니다. 그리고 학생 수가 적다 보니 선생님들이 한 명 한 명 케어해 줄 수 있습니다. 또한 나이가 달라서 계속 부딪칠 수 있는데 모두와 두루두루 친해질 수 있어서 미리 사회 경험을 하는 것 같아 더욱더 좋습니다.

우리 학교의 단점은 학교 위치가 멀고 화장실에 갈 때 여자는 4층까지 올라가야 합니다. 그래서 매일 하체 운동을 해야 하고 식당도 4층에 있어서 올라가기 힘듭니다. 그리고 아이들이 너무 활발해서 조금 시끄럽습니다. 또한 학교 인원수가 적은 편이라 축제나 운동회 같은 큰 행사가 없는 점이 단점인 것 같습니다.

신비 장점은 일단 자유롭다는 점입니다. 대안학교에서는 성적을 유지하고 생기부와 인간관계로부터 자유로운 편입니다. 성적이 낮아도 선생님과 함께 다시 천천히 돌아보면서 문제점을 찾고 해결하면 되어 좋습니다.

다음은 자기 주도적으로 학습을 할 수 있다는 것입니다. 정해진 틀 안에서 공부를 하는 것이 아니라 나에게 맞는 방법으로 공부를 하고 진로를 위해 할 수 있는 것들이 많아지기 때문입니다. 두루두루 잘 지내고 친해서 특정 친구와만 놀지 않고 다 같이 재미있게 놀 수 있습니다. 코로나에 걸릴 확률이 낮습니다.

서로 조심하고 잘 싸우지 않습니다. 수업 시간에 집중할 수 있습니다.

단점은 일반 학교보다 성적이 우수하지 못하다는 점입니다. 사람마다 다르겠지만 일반 학교는 진도를 빠르게 나가고 시험 위주로 하다 보니 그렇지 않은 우리보다는 점수가 높게 나올 것입니다. 그리고 많은 또래를 만날 수 없는 것도 단점입니다. 또 기대하는 것보다 학교에서 지원이 되는 것이 적어 개인의 비용도 부담이 될 수 있습니다.

예은 학교에 와서 느낀 장점은 시험만을 위해 살지 않아도 된다는 것과 학생 수가 적다 보니 전교생과 두루두루 친할 수 있고 선생님들과도 친해질 수 있어서 좋은 것 같아요. 그리고 이렇게 글을 쓸 수 있는 글쓰기 시간이나 하브루타 시간, 액션 러닝 시간 등 여러 가지 새로운 수업을 들을 수 있는 것도 정말 좋은 장점 같아요. 게다가 냉장고와 프린트기를 자유롭게 쓸 수 있어서 너무나 좋아요. 매점이 편의점인 것도 아주아주 좋고요. 일반 학교에 가면 다 노는 무리가 정해져 있는데 여기서는 딱히 노는 무리 같은 것도 없어서 어딜 가든 다 친구이기 때문에 더 편하게 지낼 수 있는 것 같아요. 그리고 단점은 자기 주도적으로 해나가야 하는 곳이라 자신이 제대로 하지 않으면 대안학교에서 보내는 시간이 정말 쓸데없는 시간이 될 수도 있다는 것이 단점 같아요.

영빈 또래 친구들이 별로 없는 것이 단점이지만 전교생이 별로 없어서 모두 친하게 지낼 수 있다는 것이 장점으로 생각한다. 학업 스트레스로 인해 대안학교로 입학하게 되었는데 이것 또한 해결된 것 같아서 좋았다.

대안학교는 자신이 직접 체험하는 프로그램이 많고, 많은 체험으로 자신의 경험을 쌓는 중요한 시간이 많아서 좋다. 일반 학교와 달리 학업 스트레스를 많이 받지 않고 다닐 수 있는 것 같다. 선생님과 소통을 많이 하고 발표 시간이 많다. 그리고 다 같이 친해질 수 있다. 서로의 이름을 다 안다. 대안학교는 일반 학교와 달리 싸움도 없고 보이지 않는 기 싸움도 없는 것이 좋은 것 같다. 올해 대안학교를 입학했는데 친화력이 좋은 친구가 많아서 적응을 빨리한 것 같다. 체험을 많이 해서 경험을 쌓는 게 장점이다. 그래서 자신의 적성과 꿈을 찾는 데 많은 도움이 된다. 그리고 제일 중요한 건 등교 시간이다. 일반 학교들은 보통 8시 반까지 등교지만 대안학교는 9시 반까지 등교한다. 가장 마음에 들었다. 대안학교는 불량 학생이 없어서 장점인 것 같다. 또 프로그램을 많이 하는 대신 숙제가 많다. 숙제를 좀 줄여줬으면 좋겠다. 그리고 검정고시를 봐야 한다. 일반 고등학교는 졸업하면 졸업장을 받지만, 대안학교는 검정고시를 통과해야 졸업장을 받을 수 있다. 대안학교에 대해 고민한다면 다니는 것을 추천한다.

이슬 대안학교에 와서 정말 최소한의 것만 제한되는, 한마디로 진정한 자유를 느꼈습니다. 그 자유를 어떻게 하면 좀 더 잘 활용해서 나를 발전시킬 수 있을지도 고민하게 되었습니다. 이런 점을 생각할 때 많이 주어지는 자유는 최고의 장점이라 생각됩니다. 많은 자유는 스트레스에서 해방시켜 주고, 자립심을 길러줍니다. 하지만 어느 정도 제한이 있어야 절제할 수 있습니다. 그러기에 나무와숲학교는 스스로 해낼 수 있고, 약간의 강제성을 띤 숙제를 충분히 제공하고 있습니다. 또 하고 싶은 것을 주도적으로 진행할 수 있다는 것입니다. 난 학교의 부회장인데, 우리 학생회는 절대 다른 학교처럼 강제성으로 규칙을 만들어서 '이거 해라, 저거 해라.' 하며 밀어붙이지 않습니다. 우리는 친구들과 선생님의 중간 다리 역할을 하면서 소통을 원활히 합니다. 그리고 친구들이 하고 싶은 이벤트, 축제, 수업을 요청하고 건의를 하면 적극적으로 반영합니다. 학교가 작은 편이지만 이 역시도 하나의 사회라 크고 작은 일들이 많이 일어나는데, 선생님들께서는 그 일들을 학생회의 자체적인 해결방안으로 해결할 수 있도록 기회를 주십니다.

 학생회뿐 아니라 수업 자체도 주도적으로 진행할

수 있습니다. 학교장 선생님이신 권오희 목사님께서는 우리가 진로와 관련되거나 재미있을 것 같은 수업을 요청할 경우 최대한 특강에 반영해 주십니다. 사실 특강을 요청하기도 전에 다양한 특강을 접할 수 있어서 많은 경험을 쌓을 수 있는 것도 장점입니다. 그리고 수업 내용을 선생님께서 정하시기도 하지만 대체로 우리가 배우고 싶은 범위를 스스로 선택하여 요청할 수 있고 대부분이 수용됩니다. 심지어 시험 범위도 학생들과 함께 이야기하여 조정해 주실 때도 있습니다. '평가' 자체가 최소화되어 있어서 가능한 일입니다. 시험이 진로 결정수단으로써 큰 영향을 발휘하진 못하기 때문에 저희가 부담되지 않는 선에서 테스트를 볼 수 있습니다. 또 다른 장점에는 서로 깊은 관계를 유지한다는 것입니다. 단순히 같이 놀고, 같이 대화하는 정도가 아니라 서로의 속 이야기를 하기도 하고, 과거에 경험했던 힘든 일도 같이 이야기하며 훌훌 털어버립니다. 또 서로 장난도 치고, 재미있는 놀이도 합니다. 그리고 특별한 야외활동, 캠프, 수련회 등 놀러 가는 시간이 많습니다. 그 외에도 방과 후나 주말에 함께하는 시간도 개인적으로 많이 갖는데 참 즐겁습니다.

공교육에서 인문계 고등학교를 경험하고 왔는데, 학생 개개인에게 집중하기보다는 특출 난 학생에게 관심을 기울이는 경향이 극심하게 나타났습니다. 최상위권만 우선시하는 것이 이 사회의 현실이라는 것을 깨닫고 적당히 묻어가는 방법을 배우던 중 나무와숲에 와서 나에게 집중할 수 있게 되었고, 따라가기에만 급급하던 생활을 벗어나 나의 특기와 나의 장점을 계발시키고 강점을 발견할 수 있게 되었습니다. 그것 외에도 내가 포기했던 일에 대해 권오희 교장 선생님께서 "이슬아, 너는 다양한 경험을 통해서 스스로가 잘 할 수 있는 일을 알고 그것을 특화하는 것을 너무 잘하고 있어. 그런데 네가 못한다고 포기하기엔 넌 아직 어리니 앞으로 많은 기회가 있어. 지금 네가 잘 쓰는 근육을 개발시켰다면, 이제는 안 쓰는 근육도 움직이기 시작해서 몸 전체의 조화를 맞춰갈 시기야. 나무와숲학교에서 너의 안 쓰는 근육을 단련했으면 좋겠고 너를 통해 하나님께서 하실 크신 일을 기대해."라고 이야기 하셔서 생각을 바꾸게 되었습니다. 내가 안 쓰는 근육보다 잘 쓰는 근육을 개발시키는 것은 자퇴생이었던 시절의 습관이었는데 나무와숲에 와서 그와 더불어 나의 약점까지도 강점화 시킬 수 있다는 것이 놀라웠습니다. 또 이렇게 설명해 주시는 교장 선생님께서 계신다는 것에 감사했습니다. 인문계에선 모두가 똑같은 기준에서 똑같은 발전을 요구한다면 나무와숲에선 개개인의 특성과 발전에 집중해 주고 있어 행복합니다.

나무와숲학교는 학생 수가 32명인 소규모 학교입니다. 그러나 학생 한 명 한 명의 개성을 중시하고 있고, 각자가 열 사람 이상의 분량을 처리하기 때문에 320명이 함께하는 듯한 느낌이 들기도 합니다. 나는 어느 학교보다 활기차고 각자가 존중되는 우리 학교에서 학생이 적어서 불편한 것보다는 오히려 학생이 적어서 좋다고 느꼈던 부분이 훨씬 많았습니다. 우리 반은 인원수가 6명입니다. 그중 4명은 곧 졸업하게 될 12학년(고3)이고, 2명은 고등학교 2학년인 11학년입니다. 우리 학년의 친구들은 입학을 쉽게 결정하기 어려

우므로 같은 반으로 운영되게 되었습니다. 이로 인해 다양한 생각을 할 수 있고 처음엔 스스로 집중하며 앞길을 고려하는 시기다 보니 남과의 친목에 관심이 없어 마음의 문을 열기 쉽지 않았지만 가까워지고 나니 누구보다 책임감 있고 서로를 배려하는 끈끈한 사이가 되었습니다. 작은 학교의 대단한 장점이라고 할 수 있습니다.

 공교육과 가장 큰 차이점은 수업 방식입니다. 보통 공교육에서는 학생들은 듣고 선생님들은 말하는 수업 방식을 진행하곤 합니다. 그런데 나무와숲 선생님들은 수업 시간 때 수업을 진행한다기보다는 진행도 하면서 활동도 하는 방식으로 하시고 또 다른 선생님은 우리가 풀면서 이해하는 방식으로 진행합니다. 그리고 다른 선생님은 저희가 친구들에게 가르치는 방식으로 수업을 진행합니다. 또 다른점은 공교육에서는 공부를 잘해야 하고 규칙을 안지키면 혼내고 자유라는 것을 선생님들에게서 볼 수 없는데 나무와숲은 저희의 자유를 먼저 생각해 주십니다. 이것이 바로 공교육과 나무와숲 선생님들의 차이점입니다.

연수 대안학교에서는 과목 공부도 하지만 다른 특별한 수업이 많이 있습니다. 직업체험, 하브루타, 코칭, 에세이 쓰기 그리고 채플, 즉 예배 시간이 수업 시간 중 일부입니다. 그리고 또 특별하게 자기계발 수업이 있습니다. 자기가 하고 싶은 수업을 직접 설계하고 계획해서 스스로 수업하는 겁니다. 자기 계발 수업이 있기 때문에 자신이 혼자 할 수 있는 일을 찾아 나가는 시간이 있습니다. 그리고 분위기가 좋습니다. 학생들이 별로 없기에 친해지는 기간이 짧습니다. 다 같이 함께 하는 시간도 있고, 서로 욕을 하며 싸우는 일도 없습니다. 기독교 학교이다 보니 서로 나쁜 말은 삼가하게 되면서 욕이 줄어드는 친구들이 생겨나고 있습니다.

단점은 시설입니다. 화장실은 4층에 있습니다. 식당도 4층에 있어서 이동하는 데 어려움이 있습니다. 인원이 적고 함께하는 시간이 많아서 개별적으로 단점들이 많이 보이기도 합니다.

이삭 공동체가 더 잘 이뤄질 수 있고 학생이 적으니 서로 더욱 친밀한 관계를 맺을 수 있습니다. 다녀 본 곳 중에서 최고의 학교이고, 선생님과 학생들 사이 벽이 낮습니다. 수업도 재밌으며 하루하루가 즐겁습니다.

현준 소규모 학교의 장점은 선생님들께서 학생 한 명 한 명을 잘 알고 선생님과 학생이 친하다. 또 경쟁과 차별이 없다. 일반 학교로 전학을 가면 학생들이 너무 많아서 친분을 쌓거나 적응하는 데 어려움이 있을 수 있지만, 우리 학교는 학생 수가 적어서 적응하는데 어려움이 줄어든다.

은송 친구의 습관이나 행동, 말투를 잘 파악할 수 있어 더 친밀하게 지낼 수 있다.

예담 대안학교는 단점보다는 장점이 많은 학교입니다. 일반 학교와는 다르게 활동적이고 일반 학교에 비하여 자유롭습니다. 친구들과의 관계에서도 일반 학교에서는 무리가 극명하게 나뉘어 있고, 일진 같은 친구들도 있고. 친구들과 친하게 못 지내는 나 같은 학생이 꼭 있습니다. 그런데 대안학교는 그렇지 않고 하나같이 다 착하고 좋은 친구들입니다. 혼자 따로 지내는 친구가 없고 다 같이 지낼 수 있습니다. 우리 학교는 작은 규모의 학교라서 복잡하지 않고 모든 학생을 알 수 있습니다. 큰 학교 경우는 친한 아이들, 또는 자기 학년 아이들만 알기 마련인데 나무와숲 같은 소규모 학교는 인원수 자체가 적어서 모든 학생을 알 수 있습니다. 대안학교의 가장 큰 장점입니다. 그리고 수업 시간이 지루하지 않고 재미있어서 학교 가는 것이 기대됩니다. 이러한 것들은 나의 삶이 행복하다고 느끼게 해 줍니다. 마지막으로 나무와숲학교는 기독교 학교라서 학교에서도 편하게 찬양을 부르고, Q.T도 하며 늘 하나님과 함께 할 수 있다는 점입니다. 반대로 단점은 별로 없지만, 굳이 끄집어낸다면 나무와숲학교는 비인가 대안학교라서 검정고시를 봐야 한다는 점이 단점이라 할 수 있을 것 같습니다. 하지만 나는 대안학교를 강력하게 추천하고 싶습니다. 왜냐하면, 대안학교는 진로를 결정하기 어렵거나 일반 학교에서 자기의 뜻을 마음껏 펼치지 못하는 친구들이 왔을 때 체험을 통하여 진로를 결정하고 자신의 진로를 마음껏 펼칠 수 있는 학교이기 때문입니다. 무엇보다도 대안학교는 함께 어울리는 공동체 학교이며 수업도 일방적 수업이 아닌 쌍방 수업으로 진행되어 수업할 때 지루하지 않은 학교입니다. 그래서 강력하게 추천합니다.

일반 학교에서 적응이 어렵거나 진로를 확실하게 정하지 못한 친구들이나 수업에 집중을 못 하는 친구들에게 강력하게 추천합니다.

효민 자유롭다. 선생님과 학생 사이에 기리감이 없어서 불편하지 않고, 학생 수가 많지 않아서 모두 친하다. 다음으로는 다양한 활동을 많이 한다. 교과목

말고도 에세이, 액션 러닝(창업), 인생코칭, 기독교 세계관 등 많은 활동을 하고 코로나 때문에 요즘은 못 나가지만 야외 활동을 많이 한다. 그리고 선생님들이 차별하지 않는다. 일반 학교 선생님은 학생들을 성적, 외모, 집안, 사회성 등 많은 이유로 학생들을 차별하지만 우리 학교 선생님들은 모든 학생을 평등하게 대해 주신다. 소규모라서 애들끼리 모두 친하다. 일반 학교는 학생 수가 많아 애들끼리 어색한 친구가 많아서 불편하다. 또 소규모이기 때문에 선생님들이 학생 한 명, 한 명 집중해 주신다. 그리고 애들이 친구들한테 무관심하지 않아서 왕따도 없다.

단점은 학생 수가 적다. 나무와숲학교는 학생 수가 30명 정도인데 다른 일반 학교는 한 반에 30명이다. 학생 수가 일반 학교의 13분의 1 정도 된다. 그래서 많은 친구를 사귀기 어렵고, 학생 수가 적어 축구나 농구 등 많은 인원을 필요로 하는 활동은 하지 못한다. 체육 시간이 적고 진짜 완전 엄청나게 재미없다. 초등학교 4학년부터 고등학교 3학년까지 전부 체육 시간이 같다. 그래서 초등학생 수준의 체육밖에 하지 못한다. 그리고 일주일에 체육 시간이 1시간밖에 없다. 시설이 열악하다. 체육관, 보건실, 강당 같은 시설은 거의 없다고 보면 되고 학교 건물이 방음도 되지 않아 수업 시간에 옆 반 수업 내용이 들린다. 또 축구공, 농구공 등 체육에 필요한 도구도 하나도 없고 빔프로젝터도 하나밖에 없어 계속 옮겨 다녀야 한다.

현서 대안학교는 학생들에게 선택의 기회를 주는 점에서 정말 좋은 방식의 교육이라고 생각하고 저를 정말 행복하게 해준다는 점에서 만족하지만, 굳이 단점을 꼽으라면 아직 대안 교육이 많지 않는 데서 나오는 전체적인 구조적 결함 정도가 있겠네요. 아직 우리나라는 대안학교들에 대한 인가나, 대안학교 졸업생들에 대한 대처가 조금 부족하다고 느꼈습니다.

준수 일반 학교에서는 친분 쌓기가 어렵습니다. 애들끼리 뭉쳐 다니거나 각자 지내다 보면 친분 쌓기는 많이 힘들어지지만, 대안학교에서는 모든 학생과 친분이 생겨 왕따나 폭력이 하나도 없습니다. 또한, 학교에서는 검정고시 시험을 보기에 공부할 때는 모든 학생이 이해를 할 때까지 도와주고 선생님 위주가 아닌 학생들 위주이기 때문에 선생님들이 학생들의 의견을 존중해 줍니다. 그리고 우리가 힘들 때마다 선생님들이 고민을 들어주고 상담도 해주시기 때문에 아주 좋습니다

단점이라고 한다면 개인적으로는 학교가 멀다는 점과 학생 수가 적다는 것입니다. 집에서 학교까지의 거리가 1시간이다 보니 피곤하기도 하고 학생 수가 전교생 40을 놋 넘나 보니 다양한 친구들과 친분을 더 쌓을 수 없다는 단점이 있지만 큰 단점이라고 생각하지는 않습니다.

희성 장점은 학교가 작다는 것입니다. 학교가 작다는 것은 학교의 인원수가 적다는 말이 될 수도 있습니다. 그러나 적은 인원수에서 다양한 장점을 찾아볼

수 있습니다.

먼저 서로 친합니다. 전교생이 서로 스스럼없이 친해진다는 장점입니다. 나무와숲학교는 정말 괜찮은 곳입니다. 정말이요! 제가 다니는 학교라 그리 말한 게 아니라 정말 괜찮은 곳입니다. 학교마다 다른 점이 있겠지만 제가 다니는 대안학교에 대해 말해드리겠습니다.

1. 자유로운 분위기.

분위기가 타 일반 학교에 비해 무겁지 않고 자유로운 분위기입니다. 대학교에 가보지는 않았지만 아마 대학교와 비슷한 분위기일 것으로 생각합니다. 선생님들이 강요하는 것은 없고 전부 우리가 스스로 결정합니다. 그렇다고 전부 우리가 하는 것이 아니라, 우리는 아직 부족한 점이 많기에 옆에서 방향을 잡아주는 정도입니다. 또 야자(야간 자율학습)도 자유롭습니다. 다른 일반 고등학교에서는 야자는 지옥이라고 흔히 칭하지만, 우리 학교의 야자는 제가 상상했던 야자의 분위기와 달라서 감탄했던 기억이 납니다. 자신의 공부 계획표를 짜서 자기 스스로 공부를 하는 것이 포인트입니다. 선생님의 검사 같은 것은 없고, 종종 모르는 것을 들고 가면 알려주시는 정도. 그리고 꼭 과목에만 연연하는 공부가 아니라 자기 계발공부도 할 수도 있습니다. 야자를 하던 중에 옆자리 형이 정말 특이한 공부를 하던 것이 생각납니다. 그 형은 좌표가 그려진 사이트에 들어간 다음 공책을 펴고 전혀 모르는 난해한 수학 기호들을 적으며 무언가를 열심히 하고 있기에 물어봤더니

"다트를 던져서 어디에 맞출지 계산 중이야."라고 말하기에 "오…."하고 감탄했습니다. 옆에서 얼핏 들었는데 던지는 사람의 기외 날리는 속도를 예상해서 다트가 꽂힐 지점을 계산한다고 하여서 신기하게 생각했습니다. 그리고 그 형은 조금 뒤에 글을 쓰고 있던 저에게(저는 야자 시간에 글을 씁니다) 소재 한 가지를 말해줬습니다. 내용이 좀 흥미로웠지만, 이야기가 삼천포로 빠지는 것 같아서 생략하겠습니다. 이렇게 자유로운 분위기인 대안학교는 점심시간도 자유롭습니다.

학생 수가 많지 않아서 학년 전부가 섞어 앉아서 화기애애하게 밥을 먹습니다. 다 먹고 난 뒤에는 우리가 설거지를 합니다. 학년마다 돌아가면서 설거지를 하는데 정말 힘들었던 기억이 납니다. 보통 5인 1조로 설거지를 하는데 설거지하고 돌아온 날에 집에서 설거지하고 계시는 엄마를 보면 새삼 혼자서 그 많은 설거지를 하시는 엄마가 대단해 보이는 효과가 있습니다.

 수업도 자유롭습니다. 처음 며칠을 보낸 다음 시간표를 보았을 때 정말 독특하고 다채로웠습니다. 서예, 하부르타, 액션 러닝(약간 교회 수련회 느낌이 조금 있습니다) 그리고 일반 과목 수업도 지루한 수업이 아닙니다. 예를 들어서 과학에 대해 말해보겠습니다. 과학 선생님의 수업 방식은 정말 흥미롭습니다. 먼저 선생님이 한번 쭉 설명해 주십니다. 그리고 짝을 정해서 서로에게 오늘 배운 내용에 관해서 설명합니다. 그리고 뒤에 있는 문제들을 숙제로 내주시고 우리기 다음 시간에 풀어온 문제 중에 무작위로 하나 선택한 다음 앞으로 한 명씩 나와서 그 문제에 관해 설명합니다. 배우는 챕터마다 반 전체가 한 번씩은 설명해야 하기에 초반 경쟁이 치열합니다. 왜냐하면 뒤로 갈수록 설명하기 난해한 문제들이 나오기 때문에 초반에 설명해야 맘이 편하기 때문입니다.

그리고 앞에 나와서 문제에 관해 설명하는 중간에 앉아있는 친구들이 질문을 합니다. 그러면 앞에서 설명하는 친구는 친절하게 전부 가르쳐 줘야 합니다.

나무와숲의 중요한 특징은 자유입니다. 대안학교는 수업 외 다른 시간도 자유롭습니다. 무슨 말인지 모르시겠다면 설명해 드리도록 하겠습니다. 바로 동아리입니다. 대안학교는 동아리도 자유롭습니다. (와~ 쓰면서 저도 삼반하고 있어요. 우리 학교가 이렇게 자유로웠다니…) 동아리를 학생이 개설하고 학생이 신청합니다. 선생님들은 회비와 몇 가지 당부 사항을 하시는 것과 동아리의 세부 교육과정에 대한 보고서를 받는 것 외에는 간섭하지 않으십니다.

2. 친밀감

대안학교의 또 다른 장점이자 우리 학교만의 특이

한 부분. 일단 제가 다니는 대안학교는 전교생이 적습니다. 올해 얼추 30명 정도라고 들었는데. 전에 다니던 중학교는 한 반이 31명이었던 것을 고려하면 정말 대단한 숫자라고 볼 수 있습니다. 그래서 진짜 다 친합니다. 입학한 지 한 일주일 정도 되었을 때 첫날의 어색한 분위기는 어디 가고 다 친해졌습니다. 전교생의 적은 수가 오히려 장점이 된 것입니다. 그리고 이 친밀감을 느낄 수밖에 없는 이유가 대안학교는 기독교 학교라 교회 다니는 아이들이 주로 오기 때문에 벌써 같은 종교라는 전제를 깔고 들어옵니다. (교회를 다니지 않아도 하나님에 대해서 어느 정도는 아는 아이들이 부지기수) 그리고 교회를 다니지 않는 친구라고 해도 매일 아침 큐티를 하고 그걸 나누는 경건회 시간을 가지면 없던 신앙도 생길 것 같습니다.

그렇게 교회같은 공동체 생활을 하다 보면 자연스럽게 기독교 사상이 머릿속에 습관처럼 남아서 더 자연스럽게 이 학교에 대한 친밀감을 높이는 깃 같습니다. 그리고 아까 말한 이 학교만의 자유로운 분위기는 여기서 친밀감을 더욱더 끌어 올려줍니다. 점심시간에 학년 구분 없이 자유롭게 앉아 먹으라고 하는데 여기서 또 일반 학교와의 차이점이 드러납니다. 또 학생 수가 적기 때문에 경비가 많이 안 들어서 수학여행은 당연히 비행기 타고 갈 것 같습니다. (제 피셜입니다.)

단점은 설거지를 직접 합니다. 급식을 먹고 따로 설거지하는 사람이 없기 때문에 우리가 설거지합니다. 거기서 조금 불만이 있긴 합니다. (하지만 겉으로는 내색하지는 않는다. 모든 학생이 하기에)하지만 새로 이사를 오고 난 뒤에는 주방에 식기 세척기가 있어서 설거지를 안 해도 됩니다!!

동준 장점은 학교에 인원이 적은 만큼 선생님들이 한 명 한 명 많은 관심을 주시고 조언을 해주시는 점 그리고 일반 학교에 있을 때와는 다르게 색다른 체험 활동을 할 수 있어. 성적으로 등급 순위를 매기지 않고 모르는 게 있으면 알려주고 다 같이 배우는 학교인 것 같고, 느리다고 두고 가는 게 아니라 부축하며 어깨동무하여 다 같이 가는 그런 학교인 것 같아.

단점은 나의 단점은 아니고 부모님들의 단점인 것 같아. 일반학교는 국가에서 지원을 해줘서 학비를 안 냈지만, 대안학교는 학비를 내야 하는 점이야.

수한 학교에서 하나님 사랑과 공동체 등을 배웁니다. 이것 말고 더 많은 장점이 있지만, 더 쓰면 천년 정도 걸리기 때문에 이만 여기서 마칩니다. 미슐랭을 체험하고 싶으신 분들은 이리로 오세요. 밥이 진짜, 정말 맛있어요. 한두 번이면 그러려니 할 텐데 매일매일, Every day 다 맛있어요. 단점이라고는 없어요.

나무와 숲 이야기

다시 선택의 길이 주어진다면?

은교 나무와숲입니다.

왜냐하면, 일반 학교에 있을 때보다 지금이 훨씬 자유롭고 즐거움을 느끼기 때문입니다. 또 성장했다는 것을 느낄 수 있고, 성적도 훨씬 올라서 다시 선택해도 나무와숲을 선택할 겁니다.

신비 일반 고등학교도 가보고 싶지만, 일반 고등학교에 갔다면 대안학교에서 했던 경험을 해보지 못하는 것이니 다시 학교를 선택해도 대안학교를 선택할 것 같습니다.

예은 다시 학교를 선택할 수 있다면 나무와숲학교를 선택할 거예요. 그 이유는 내 주변의 일반 학교에 다니는 친구들을 보면 모의고사와 학교 시험 거기에 학원까지. 시험만을 위해 살더라고요. 그 모습을 보면서 저렇게 시험만을 위해 사는 것보다는 대안학교에서 여러 가지 다양한 것들을 배우며 시험 성적이 아닌 나 자신을 키워나가는 것이 훨씬 좋겠다는 생각이 들어서 다시 학교를 선택하게 된다고 해도 나무와숲학교를 선택할 거예요.

일반적인 국어, 수학, 과학 같은 수업뿐만이 아닌 정말 유익하고 다양한 수업들이 있어서 학교 수업이 더 재미있고 자기 주도적으로 공부할 수 있게 학교에서 도와주니까 점점 자기 시간을 어떻게 사용할지 알게 되어 도움이 많이 되는 학교입니다. 그리고 입시가 목적이 아닌 진정으로 자신이 성장하기 위한 공부를 하고 싶은 친구들에게 추천하고 싶어요.

대안학교를 고민하는 친구들에게 내가 해주고 싶은 말은 '너희가 입시를 위해 공부에 쫓기면서 사는 것이 싫다면 대안학교에 오는 것이 좋다고 생각해. 하지만 일반 학교와 다른 대안학교이다 보니 미래에 대한 고민이 더 많아질 수도 있어. 게다가 비인가 대안학교에 가게 되면 수업 같은 부분에서는 자유롭게 배울 수 있겠지만 사회에 나갔을 땐 검정고시를 통해 고등학교를 졸업한 거라 제한적인 게 많을 수 있어. 하지만 이것들이 괜찮다면 오는 게 좋다고 생각해'라고 말해주고 싶습니다.

이슬 다시 학교를 선택할 수 있다면 나무와숲학교에 오는 것을 택할 것입니다. 그러나 내가 오게 된 길과 똑같이 중학교 1학년 때 자퇴생으로 지내다가 고등학교 1학년 때 인문계 고등학교에 진학한 뒤, 다시 자퇴하여 나무와숲학교로 올 것입니다. 굉장히 복잡하고 돌아 돌아서 온 길이지만, 이 길 덕분에 지금의 나는 우리 학교의 필요성을 아주 잘 알고 있고 매일같이 기쁨을 몸소 느끼고 있기 때문입니다.

우리 학교는 나의 성향과 정말 잘 맞습니다. 친구, 선생님과 깊은 관계가 정말 그리웠던 니에게 감사하게도 모두 허물없이 대해주십니다. 개인주의 사회에서 이렇게 서로를 의지하는 사이가 된다는 것은 쉽지 않은데 우리 학교에서는 가능합니다.

　또 우리 학교에서는 인문계 생활과 자퇴 생활을 통해 꼭 필요하다고 느꼈던 것을 도와주고 있습니다. 자퇴 생활을 할 때는 나만의 자유가 좋았지만, 친구들과 함께 있지 못해 외로웠고 누구도 가르쳐주지 않아 혼자서 모든 것을 돌파해 나가야 했습니다. 그에 반해 인문계는 과도한 통제와 강요로 인해 '나는 지금 사육당하는 게 아닐까?' 하는 생각을 하게 만들었습니다. 그러나 나무와숲학교는 통제해야 할 부분에서는 단호하게 막으시고, 풀어주실 부분과 스스로 해낼 부분은 가만히 지켜봐 주시고, 또 기회를 주시는 교장 선생님과 선생님들로 인해 지유와 나를 지켜주는 울타리를 모두 누릴 수 있게 되었습니다. 그래서 나는 다시 선택해도 나무와숲학교로 오고 싶습니다. 정말 사랑하는 나무와숲 사람들과 함께할 수 있고, 하나님과 가까워질 수 있기 때문입니다.

　은송 나무와숲학교를 계속 다니고 싶다. 그리고 좀 더 어렸을 때 들어오고 싶다. 초등학교 4학년 정도면 좋을 것 같다. 이유는 다른 곳에서는 할 수 없는 체험을 많이 하고, 사람마다 레벨에 맞게 가르쳐 주시기 때문에 뒤처질 일도 없다. 또 일반 학교처럼 친구들의 눈치를 보지 않고 모르는 문제를 물어볼 수 있다. 처음엔 한 친구가 알려주다가 점점 주변의 친구들까지 모여 머리를 맞대고 자신들이 아는 지식을 다 동원해 문제를 풀어나간다. 일반 학교에서는 볼 수 없는 장면이다. 우리 학교에서 친구는 막연한 경쟁 상대가 아니라 도움을 주고받으며 함께 성장하고 함께 배우는 것 같다. 그래서 기회가 주어진다면 난 더 어렸을 때부터 나무와숲에 다니고 싶다.

연수 나는 대안학교를 선택할 것입니다. 왜냐하면, 일반 학교와 달리 자유롭습니다. 옷차림, 화장 등 자신을 표현할 수 있는 학생들이 자유를 제한하지 않습니다. 학생들은 자기 자신을 잘 표현하고 자신감을 얻습니다. 일반 학교에서는 필기로 시험을 치른다면 여기는 말하기, 필기 등으로 중간, 기말고사를 봅니다. 시험을 다양하게 치를 수 있다는 것을 알려 줍니다. 여러 가지 방법들이 있고 또 그것들을 어떻게 해나가야 할지도 배울 수 있는 부분입니다. 선생님들의 여러 지혜를 지켜볼 수 있습니다. 경험하는 것도 많이 있어 사회성도 기를 수 있게 됩니다. 숙제는 많지만 그만큼 집에서도 헛된 시간을 보내지 않게 도와주는 것 같습니다.

예담 만약 과거 입학 전으로 돌아가 다시 학교를 선택할 수 있다면 똑같이 나무와숲을 선택한 것입니다. 왜냐하면, 일반 학교를 다녔을 때는 공교육의 틀이 있어서 공부에 대한 스트레스도 많이 받고 힘들었습니다. 그런데 입학한 지 겨우 한 달밖에 되지 않았지만, 나무와숲을 다녀보니 공교육의 틀을 벗어나 활동도 많이 하고 조금이나마 자유로워져서 스트레스가 많이 줄어들었습니다. 또한, 일반 학교에서는 친구들과의 관계에서 스트레스로 학교 가는 것이 힘들고 삶이 지치곤 했습니다. 그러나 나무와숲을 온 뒤로는 전혀 그런 스트레스나 힘들거나 속상함이 없고 오히려 행복하고 학교 친구들과 친하게 지낸다는 것이 신기하기도 하면서 좋았습니다. 또 나무와숲을 오고 난 이후, 학교 가는 것이 매일 기대되고 삶이 회복되는 느낌을 받게 되었습니다. 그리고 나무와숲은 기독교 학교라서 하나님을 만나고 찬양할 수 있어서 저는 다시 학교를 선택 할 수 있다고 해도 나무와숲을 선택하고 싶습니다.

효민 아직 학교가 얼마 되지 않아서 허점이 많아 불만이 터져 나오지만 일반 학교에 다녔으면 다른 애들의 진도를 따라가기 힘들고 공부를 아예 놔 버렸을 것 같다. 물론 일반 학교는 친구들도 많고, 시설도 좋고, 재미도 훨씬 있겠지만 이 학교를 온 것에 후회가 되지 않는다. 왜냐하면 나무와숲 학교도 장점이 있기 때문이다. 선생님들과의 관계도 좋은 편이고 왕따도 거의 없고 학교 분위기가 개인보다는 공동체 중심이어서 서로 협력하고 도와주는 문화가 잘 자리 잡은 것 같다. 그래서 나는 단점도 많고 불만도 많은 학교지만 나무와숲학교에 다시 입학할 것 같다.

준수 제가 만약 다시 학교를 선택할 수 있게 된다면 중학교 때까지는 일반 학교를 다니다가 고등학교 때 대안학교를 선택하겠습니다. 왜냐하면, 중학교 때 사교성과 많은 친분을 쌓고 나서 오는 것이 좋겠다고 생각했기 때문입니다.

동준 나는 다시 선택하라고 한다면 나무와숲에는 슬프지만 안 올 것 같아. 왜냐하면 내가 와서 적응을 못 한 것도 사실이지만 일반 학교에서 졸업을 해보고 싶다는 생각도 많이 했었어. 내가 그때 자퇴를 하지 않고 참고 다녔더라면 하는 생각을 많이 했었는데 다시 학창 시절로 돌아간다면 공교육 학교를 다시 다녀 보고 싶어.

수한 '다시 나무와숲에 오겠나요?'라고 물으면 주저하지 않고 '네'라고 답할 거에요. 지금 만난 사람들을 모르고 산다고 하니 상상조차 되지 않네요. 또 이 학교에 와서 자신감도 많이 향상되고 학교의 하루하루가 너무 재밌어서 올 것 같아요.

영빈 내가 다시 선택할 수 있다면 나무와숲을 또 선택할 것 같다. 대안학교는 일반 학교와 달리 체험 활동과 발표 등 우리가 주도적으로 움직이는 학교이기 때문에 사회에 나가서 많은 도움이 될 것 같다.

나무와숲 일과가 궁금해.

이슬 나무와숲학교의 시간표를 알려 드립니다. 특별 수업은 학년이 섞이는 경우도 있고, 모두가 필참입니다. 그러나 교과수업은 고2, 고3의 경우 선택 수업이고, 스스로 불필요하다고 느껴지는 수업은 드롭하고 그 시간을 자기 주도로 활용할 수 있습니다. 저희 고2, 고3 반의 시간표는 다음과 같습니다.

월요일의 첫 수업은 소명과 진로 탐색 시간으로, 단순히 자신에게 맞는 직업이 아니라 이 세상의 필요에 의한 꿈을 설정할 수 있도록 도와줍니다. 이 수업을 통해서 기존의 통념이 산산이 부서지는 듯한 기분을 느꼈고, '진짜 나'라는 사람의 성향과 세상에 끼치고 싶은 영향력에 대해 깊이 있는 탐구를 하게 되었습니다. 그리고 수학 수업, 체육 수업을 하고 나면 자기 주도 선택 수업인데, 이때는 스스로 체계적인 계획을 세워서 자기 주도로 수업을 진행합니다. 개개인에게 필요한 보충을 할 수 있어 유익한 시간입니다. 그리고 동아리 시간인데, 저는 연극 동아리를 하고 있습니다. 처음엔 다소 어색하고 어렵기도 했지만, 지금은 모든 친구가 잘 적응해서 상상 이상의 연기를 보여주고 있습니다.

  화요일 수업은 오전 수업은 교과 수업이고 오후엔 음악 수업을 하는데 음악 수업 시간엔 '합창', '아카펠라'와 같은 협동성 발표를 자주 합니다. 덕분에 친구들과 조화롭게 어우러지는 방법을 많이 배웁니다.

  그 이후엔 마케팅 수업인 MBA와 코칭 수업이 2주에 한 번씩 번갈아서 진행됩니다. 마케팅 수업의 경우 실제 대학에서 진행하시는 수업이다 보니, 어려운 부분도 많았는데 하면 할수록 내가 원하는 제품을 실제로 만들고, 홍보와 판매까지 해볼 수 있겠구나! 하는 자신감이 생겼습니다. 코칭 수업은 니에 대해 알아가고, 서로에 대해 알아갈 수 있는 시간으로, 공동체에 대해, 또 나의 미래에 대해 많이 생각해 볼 수 있는 게

기가 되었습니다.

   수요일 수업은, 영어 자기 주도 시간과 채플(예배) 시간, 체험과 학습자개설 시간이 있습니다. 그중 영어 자기 주도 시간에는 주도적으로 그룹 스터디를 하며 영어 수능 대비를 합니다. 채플 시간은 기독교 세계관을 바탕으로 운영되는 학교의 특성상 가장 중요한 시간입니다. 주님께 예배드리는 시간을 가지며 더욱 성장합니다. 체험 시간에는 말 그대로 다양한 체험을 합니다. 이번 학기의 경우 '서예'를 배웠습니다. 글씨체 개선은 물론 집중력도 길러졌고 자기계발의 역할에 충실 할 수 있었습니다. 학습자 개설 수업은 각 학생 한 명 한 명이 스스로만의 수업을 만들어나가는 시간입니다. 기타를 배우고 싶은 학생은 기타를, 영상 편집을 하고 싶은 사람은 영상을, 독서와 보고서 작성, 코딩 등등 다양한 분야에서 자신을 개발시킬 수 있는 좋은 시간입니다. 수업 후 보고서를 꾸준히 작성하여 업로드 하게 될 시 국가 인증도 받을 수 있습니다.

목요일엔 성경 하브루타가 있는데 성경 하브루타 시간엔 성경을 주제로 서로 토론하는 시간을 갖습니다. 큐티 말씀으로 할 때도 있고, 성경 하브루타 전용 교재로 진행하는 경우도 있는데 신앙적으로 다양하게 생각할 기회가 생기고, 또 다른 사람들의 의견을 경청하는 자세를 기를 수 있습니다. 그리고 격주로 하브루타와 액션 러닝을 진행하는데, 하브루타 수업 땐 치열한 논쟁을 하면서도 서로를 배려하고, '진정한 답'을 찾아 나가는 것에 초점을 둡니다. 얼마 전, 하브루타 시간에 너무 과열된 논쟁을 하게 되었는데 서로 감정이 섞이니까 자신의 의견을 더 강력하게 주장했습니다. 다른 사람들이었다면 상처받았을 수도 있겠지만, 수업이 끝난 뒤 서로 대화로 잘 풀었고 오히려 과열된 논쟁을 하니, 배울 점이 많았다고 이야기했습니다. 하브루타 시간이 아니었다면 내 의견을 강력하게 전달하는 것에 대해 거부감이 들거나, 꺼려질 수도 있을 텐데, 덕분에 조리 있게 전달하는 방법을 배워가고 있습니다. 그리고 과학과 수학 수업 이후엔 미술 수업을 합니다. 미술 수업 시에는 단순 평가식 수업이 아니라, 친구들이 자신의 상상력을 마음껏 펼쳐 특정한 주제로 작품을 만들고, 그것을 소개하고 발표하는 수업을 합니다.

금요일엔 영어 시간이 있고, 기독교 세계관 시간이 있는데, 기독교 세계관 시간에는 말 그대로 기독교 세계관, 즉 나와 나를 둘러싼 세상 그리고 하나님께서 주관하심을 배웁니다. 성경적인 관점에 대해 알게 되었고 특히 옳고 그른 것은 없다는 이야기를 많이 해 주셨는데, 저에게 세상을 이분법적으로 보던 시각이 많이 있었음을 자각하게 되었습니다. 국어 시간 이후에는 영어 하브루타 시간이 있는데, 말 그대로 영어로 하브루타를 하는 것입니다. 조를 나누어 자기 생각을 영어로 나누고 의견을 정리하여 발표합니다. 영어 프로젝트도 여러 가지 했는데, 덕분에 영어에 자신감이 붙게 되었습니다. 에세이 쓰기, 지금도 하는 수업인데요. 실제적 우리 학교의 책과 개인 책을 출판할 기회가 있다는 점이 굉장히 신기하기도 하고 좋은 경험이 되고 있습니다.

에피소드

은교 하루는 공부하고 있을 때 파리가 문으로 들어왔습니다. 그 당시에 파리를 굉장히 무서워하는 친구가 있어서 난리가 났습니다. 그래서 어떤 친구가 파리를 잡겠다고 날뛰다가 파리가 창문에 올라갔습니다. 그 애가 책상 위로 올라가서 책으로 때렸는데 창문에 금이 가버렸습니다. 우리 반 창문은 모두 시트지 같은 것이 붙어 있어서 불을 켜도 어둡고 햇빛이 잘 들어오지 않았는데 그 애가 깨뜨린 덕분에 빛이 들어오기 시작했습니다.

또 다른 에피소드는 올레길 걷기입니다. 그때 우리 팀이 가장 긴 길이었는데 가장 먼저 학교에 도착했고 끝까지 완주했다는 점이 뿌듯하고 너무 재미있었습니다. 그래서 가끔 걸었던 올레길을 지나칠 때마다 '아 그때 그랬는데' 하면서 웃을 수 있는 추억을 만들 수 있어서 좋았습니다. 그리고 다 걷고 다 같이 대패

삼겹살을 먹으러 갔는데 고생한 뒤에 먹어서 그런지 너무 꿀맛이었습니다.

이삭 내 친구 중 매일 싸우는 친구들이 2명이 있는데 그 애들이 싸우는 거 말리면서도 싸우는 모습을 보는 것이 은근 재밌었어요. 다른 재밌는 얘기도 많은데 책에 담는 게 조금 걱정이 되네요.

신비 우리 학교는 교복이 없는데 만우절에 학생들이 중학교 때 입었던 교복을 입고 오거나 셔츠에 교복과 비슷한 바지를 입고 왔습니다. 다들 교복을 입으니까 신기하고 재미있었습니다. 또 만우절 장난으로 학생들이 반을 바꿨는데 선생님들도 반을 바꿔서 들어오셔서 더 재미있었습니다.

이슬 나무와숲에 오고 나서 정말 다양한 사건 사고

들을 많이 겪었습니다. 지금 기억나는 일화는 마니또를 할 때 있었던 일입니다. 나에게 선물을 주어야 하는 마니또가 내가 다른 수업을 하고 있을 때 우리 반에 있는 냉장고에 내가 좋아하는 음료수를 넣어놨습니다. 그리고 내 공책에다 '언니, 냉장고에 음류수 드세요.'라고 적어놓고 돌아갔습니다. '음류수'라고 쓴 것도 웃겼지만, 누가 봐도 언니라고 할 사람의 글씨체가 아닌데 언니라고 써놓아서 더 재밌었습니다. 그러나 아쉽게도 내가 교실로 왔을 때는 냉장고에 아무것도 없었고, 같은 반 고3 오빠가 나에게 "아, 이슬아 그게 어떻게 된 거냐면…."이라며 있었던 일을 설명해 주었습니다.

저의 마니또가 저에게 줄 선물을 준비해 놓고 나갔는데, 평소 마니또와 친했던 오빠는 당연히 '음료수가 원 플러스 원이라서 하나를 나한테 주나 보다.' 하고 원샷을 해 버렸고, 내가 돌아오니 메모만 남아있던 것이었습니다. 이 이야기에 관해 설명해 주던 오빠는 실수로 그 친구의 이름을 말해 버렸고, 저는 이미 짐작하고 있었지만, 비밀에 싸여있던 그 친구의 정체를 알게 되었습니다. 다음 날 내 음료수를 원샷한 오빠는 나에게 미안하다며 음료수를 두 병 사주었고, 이 일은 즐거운 해프닝으로 마무리되었습니다.

우리는 학생회 주최로 이러한 이벤트를 자주 진행하고 있습니다. 그 외에도 친구들과 마피아나 라이어 게임 등을 하기도 하고 랜덤 게임 등을 하면서 시간을 보내기도 합니다. 이사 온 뒤로는 보드게임을 같이 하는 시간이나 서로 대화를 나누는 시간이 늘어나서 항상 즐겁게 지내고 있습니다.

은송 선생님들이 그려주신 지도를 들고 장소를 찾아가는 프로그램인 '우리 동네 한 바퀴' 시간에 선생님들이 그려주신 지도를 믿고 갔다가 그것이 많이 축약해서 그려진 것이란 걸 알게 되었다.

동준 대학교를 찾아보다가 효민이라는 친구가 화장실을 가려고 일어났는데, 갑자기 벽에서 바퀴벌레가 날아와 옷에 붙어서 소리치면서 옷을 털면서 뛰어다니다가 화장실을 간 기억이 나.

연수 4월 1일 만우절 날에 저희가 전에 다녔던 학교 교복을 입고 학교에 갔습니다. 조회 시간에 반을 바꾸기도 하였습니다. 그런데 우리가 준비한 이벤트에 선생님들도 랜덤으로 반을 바꾼 일이 있었습니다. 우리 반에는 우리가 제일 좋아하는 수학쌤이 들어 오셨고 재미있게 시간을 보냈던 일화가 있었습니다.

예담 올해 3월 2일에 나무와숲에 입학해서 지금 학교에 다닌 지 한 달 정도 되었습니다. 재밌었던 일화를 말해보자면 바로 이 글을 쓰는 4월 15일 목요일, 오늘 있었던 일화입니다. 저랑 친구들이 어제부터 학교 수업이 다 끝나고 영어 보충이랑 야자하는 아이들과 함께 영어 쓰지 않고 우리 말만 사용하기 게임을 저녁 시간 때 하곤 합니다. 오늘도 나랑 준수랑 희성이가 편의점에서 저녁을 사서 급식실까지 오고 있었습니다. 희성이가 영어를 말해서 한 번 걸렸고, 편의점에서 저와 준수가 자연스레 영어를 말해서 하나씩 누적이 되었습니다. 조심하면서 편의점을 나와 급식실로 가는 길에 희성이가 왜 그랬는지는 아직도 의문이지만 주변에 있는 온갖 글씨들을 읽어대기 시작하였습니다. 그런데 학교 주차장 맞은편의 이름이 다 영어인 드림센터가 있는데 희성이가 정말 태연하게 '드림'이라고 한 것입니다. 그래서 저와 준수가 "어? 영어!"라고 하자마자 희성이는 "아!!"라고 했고, 저와 준수는 빵 터져서 웃고 말았답니다. 자기가 자기 무덤을 쏘옥 판 희성이의 바보미 짱! 아 참! 그리고 내가 사연을 고민하면서 애들한테 물어봤었는데, 그때 희성이가 자기 영어 잘한다고 하지만 글쎄요. ㅎㅎ 저는 잘 모르겠으니까 일화는 여기서 마칩니다.

현서 학교에 와서 정말 많은 일이 있었는데요, 생각해 보니까 딱히 남이 듣기에 재밌다던가 그런 일화는 별로 없는 것 같네요. 그나마 하나 뽑자면 학교에서 코딩 동아리란 명목으로 합법적으로 마인크래프트를 12주간 한 일이 있었는데요, 이때 분명 반쯤은 놀려고 시작한 동아리였는데 어느새 자존심에 걸려서 마지막 몇 주간은 정말 열심히 한 게 기억이 남네요. ㅎㅎ

수한 래현이가 소은이를 위해 유리창에 붙은 파리를 잡다가 유리창을 깬 사건이 제일 기억에 남고 재밌었어요.

예은 4월 1일 만우절 학생들끼리 선생님들 몰래 전에 다녔었던 일반 학교 교복을 입고 오고, 반도 바꿨었는데 반을 바꾸는 것이 완전 티 나서 선생님들께서 알아차리시고 선생님들도 반을 바꿔서 들이간 게 정말 재미있었어요.

나무와숲 선생님은요….

은교 우리 선생님들은 모두 멋진 분들입니다. 왜냐하면, 선생님들 모두 각자의 분야를 잘 알고 계시고 그 외에 다른 과목들도 잘하셔서 어디를 가든지 돈도 많이 벌고 많은 사람에게 인정받을 수 있는 분들입니다. 하지만 하나님께서 주신 마음으로 각자의 소명을 가지고 오셔서 적은 연봉을 받으며 복지도 좋지 않은데 열심히 하는 모습들이 너무 멋지신 것 같습니다. 그리고 보통 학생들은 선생님과 둘만 있다거나 밥을 먹는다면 어색해합니다. 하지만 나는 선생님과 함께 이야기하면 많은 이야기를 들을 수 있고 또 모두 재미있는 분들이어서 편하고 즐겁게 이야기할 수 있습니다. 그래서 나는 우리 선생님들을 또 하나의 좋은 조언자 또는 친구라고 소개하고 싶습니다.

이삭 다른 학교와는 다른 유대관계가 있습니다. 선생님 한 분 한 분 모두 존경하고 언제나 믿고 의지할 수 있는 분입니다. 권오희 목사님과 선생님들께서 너무 잘 이끌어주셔서 잘 성장하고 있다고 생각합니다.

준수 선생님은 엄청나게 잘 대해주시고 우리와 얘기도 많이 해주시는 좋은 분이라고 말하고 싶다. 공교육은 시험에 중점을 두기에 학습 진도도 엄청 빠르고 한 명 한 명 안 짚어주고 알아서 하라고 두지만, 여기는 한 명씩 짚어주며 이해할 때까지 도와주신다.

신비 나는 공교육을 받고 왔는데 내가 다니던 학교 선생님들은 그냥 직장이라고 생각하시고 학생들이 어려워하든 말든 질문을 무시하면서 자신이 해야 하는 일만 하고 가셨습니다. 그런데 우리 학교 신생님께서는 진도를 다 못 나가더라도, 이해를 못 하거나 질문을 하는 학생들을 위해 공감하고 해결해 주시려고 노력하시고 내가 일해야 하는 범위보다 학생들을 위한 일이 우선순위이신 것 같습니다.

수한 우리 학교는 갈림길에 있어요. 불행과 행복이라는 갈림길에 있지만, 우리 학교는 행복이라는 곳으로 좀 더 나아가고 있는 것 같아요. 나와 친구들이 불행이라는 길로 가려 하면 선생님들은 목자처럼 우리를 행복이라는 길로 인도해 주시기 때문이에요. 우리를 진정으로 사랑하는 마음이 느껴지고 우리도 그 진심을 알아서 보답하고 있어요. 그리고 나는 효율성과 재미를 중요하게 생각하는데 우리 학교 선생님들 수업은 정말 짧은 시간에 재미있고 효율성 있게 알려주니 뭔가 공짜로 똑똑해지는 느낌이라 양심에 찔리네요. 또 선생님들은 일반 학교와 달리 놀 때는 진짜 친구처럼 놀아주셔서 놀 때도 엄청 재밌고, 이로 인해 사이도 돈독해지니 좋아요.

사랑합니다. ^^ 슨생님들!

나무와 숲 이야기

영빈 대안학교 쌤은 정말 좋으시다. 하하!
대안학교 쌤은 학생들과 공감을 잘 해 주시고 좋다.

이슬 나무와숲 선생님은 모두 사랑이 많으신 분이십니다. 얼마 전 내가 아플 때 나를 위해서 기도해 주시고, 병원도 같이 가 주시고, 위로를 해 주셨는데 그때 감동을 많이 받았습니다. 인문계에서의 선생님들과는 결이 다른 사랑을 보여 주고 계십니다. 학생들에게 관심이 많아서 스스로는 발견하기 어려운 각각의 장점과 매력을 발견하셔서 이야기해 주시고, 수업에 대한 질문뿐 아니라 인생에 관한 질문, 요즘 고민인 것들에 대해서 갑자기 이야기해도 적절한 대답이나 경청을 해주십니다. 그런 선생님들과의 상호작용을 통해 많은 것을 배우고 더 많은 경험을 간접적으로 배우며 어른의 또 다른 생각을 접할 수 있습니다. 나무와숲 선생님들은 단연 최고이십니다.

은송 나에겐 특별한 선생님들이다. 중1까지 공교육을 받아 왔다. 나의 실체를 다른 곳에서 밝히는 것이 부끄러웠다. 특히 성적…. 그래서 새로운 환경인 나무와숲에도 오고 싶지 않았지만, 결국 오게 된 나는 신세계를 경험하게 되었다. 선생님들은 나의 성적을 가지고 뭐라고 하지 않으셨고, 성적을 가지고 부끄러울 일도 없었다. 나의 모든 것을 받아주시고, 들어주시는 선생님들이 나에겐 특별한 분들이다.

연수 선생님들은 참 좋으십니다. 우리를 위해 재능을 사용하고 봉사하십니다. 선생님들께서 우리를 가르치는 것뿐 아니라 우리도 충분히 선생님께 깨달음을 줄 수 있습니다. 이러한 점에서 선생님들이 우리를 위하고 생각하는 마음이 너그럽다고 생각했습니다. 일반 학교였다면 선생님을 가르치는 학생이라고 선생님께 한 소리 듣겠지만 여기는 그렇지 않습니다. 예의에 어긋난 행동이라고 생각할 수 있는 사람도 있겠지만 여기는 그렇지 않습니다. 선생님 한 분 한 분이 자기는 완벽한 사람이 아니라고 하십니다. 저는 이러한 선생님들의 생각과 가치관이 좋다고 생각합니다.

예담 나무와숲학교의 선생님들은 모두 다 착하시고, 유쾌하시고, 이해심이 많습니다. 우리가 잘못했을 때 무작정 소리를 지르고 화내기보단 이야기를 통해 해결하고자 합니다. 그리고 하나님의 부르심을 통해 우리 학교로 와서 함께 해주십니다. 그래서 나무와숲 선생님들은 내가 본 선생님 중 최고로 멋지신 분들입니다.

효민 나무와숲학교 선생님들은 대단하신 것 같다. 다른 일을 하면 훨씬 많은 돈을 받으며 일할 수 있는데 우리 학교에서 근무하신다. 가치관이 남다르신 것 같다. 공교육 선생님들두 물론 훌륭하신 분이 많지만, 적은 임금을 받으면서 열심히 일할 수 있으신 분들은 거의 없을 거 같다.

현서 우리 학교의 선생님들은 자기가 해야 할 것 이상으로 우리를 위해 힘써주시는 게 느껴져요. 뭔가 입에 발린 소리 같지만, 정말 진심으로 우리를 위해 주시는 게 느껴져요. 예를 들어 다른 일을 하시는 중에도 질문을 받아주고 열심히 고민해서 대답해 주신다든지, 어떤 일을 이러이러하게 하라고 가르쳐 주신다든지 하는 식으로 말이죠.

영빈 대안학교 선생님은 일반 학교 선생님과 다르게 소통도 잘해 주시고, 공감도 잘해 주셔서 좋은 것 같아요. 대안학교 선생님은 공부가 부족한 학생도 잘 이끌어 주시면서 같이 가도록 해 주시는 것이 좋은 것 같아요.

아, 이건 너무 당연한 거라서 안 넣으려고 했는데, 특히 교장 선생님이 좀 까리(?)합니다! 절대 교장 선생님이 시켜서 적은 것은 아니에요. 절대로~~!

동준   우리의 부족한 점을 찾아 보완해 주려고 노력하시고 선생님들 한 분마다 다양한 전공을 하셔서 마케팅, 액션 러닝, 세계 지리, 하부르타, PPT 등 색다른 수업을 많이 했던 것 같아.

나무와숲 의미와 교육철학

은교 나무와숲학교의 나무는 우리 학생들 한 명 한 명이고 숲은 그 한 명 한 명의 학생들이 모여서 하나의 공동체를 만든다는 뜻입니다.

나무와숲이 추구하는 교육 철학과 방향은 기독교, 공동체, 하브루타인 것 같습니다. 왜냐하면 일단 기독교 대안학교이기 때문에 하나님의 말씀에 근거하여 배우고 생활합니다.

이삭 나무는 우리들을 뜻하고 우리가 똘똘 뭉쳐 하나 될 때, 다른 사람들에게 편안하게 힐링할 수 있는 숲이 되는 것입니다. 공교육과 일반 학교 문화와의 차이를 둠으로써 그들과 구별된 진정 주님의 제자가 되어, 나라를 이끌어 갈 대통령은 아니더라도 주변을 잘 이끌어 가는 리더쉽 있는 학생들을 만들어내려고 노력합니다. 세계 최고가 되는 것보다는 다른 사람들이 안식을 취할 수 있는 오름과 숲이 되는 것 그리고 힘든 이들을 쉬게 해주며 도와주는 학교입니다. 일반학교에서 어둡게 살았던 학생들의 희망입니다.

신비 나무는 우리 학생들을 말해요. 점점 자라나는 나무처럼 우리도 이 학교에서 생각과 마음이 자라나기 때문인 것 같아요. 씨앗이었던 우리가 자신만의 뿌리를 가지고 좋은 열매를 맺도록 학교에서 수업하고 있어요. 나무가 많이 모이면 숲이 되잖아요. 그래서 숲은 공동체를 말해요. 우리 학교는 서로 사랑하고, 도우며 같이 하나님 나라의 나무가 되어서 하나님 나라의 숲을 이뤘으면 좋겠어요. 공동체와 하나님 나라가 중요하다고 생각해요. 공동체는 우리 학교의 많은 부분을 차지하고 있어요. 많은 활동이나 과목에서 개인이 아닌 공동체, 팀으로 공부를 하고 활동을 해요. 지식을 나누고 또 다른 사람의 지식까지 더해져 더 넓은 사고를 할 수 있는 것 같아요. 그리고 하나님

나라는 우리가 마음속에 항상 가지고 있어야 하는 방향이라고 생각해요. 내가 이 땅에 온 이유와 하나님의 계획을 알아가기 위해 살아가는 것 같아요.

예은 내가 생각하는 나무는 나무와숲학교의 학생들과 선생님들이고 숲은 공동체라고 생각해요. 나무와 숲이 추구하는 교육적 철학과 방향은 점수로 사람을 평가하지 않고 자기주도 학습으로 각자 자신이 가지고 있는 능력을 개발하고 스스로 누가 시키지 않아도 자신이 해야 하는 것을 할 수 있는 능력을 기를 수 있도록 도와주는 것으로 생각해요. 확실히 일반 학교에 있을 때는 점수를 위해서 공부를 했었는데 나무와숲학교에 오고 나서는 나를 위한 공부를 하게 된 것 같아서 교육적 철학과 함께 성장하고 있다고 생각해요. 나를 위한 공부를 할 수 있는 특별한 학교! 나처럼 기독교이지만 거의 말로만 기독교고 신앙심은 정말 없는 학생들이 기독 대안학교를 다니면서 다시 하나님을 알게 되고 신앙심도 깊어질 수 있기 때문에 필요하다고 생각해요.

영빈 나무인 우리가 모이면 숲이 된다. 리더십을 심어주는 교육적 철학으로 나무와숲이 추구하는 교육적 철학은 한 사람의 재능을 발휘할 수 있도록 하고 누구도 버리지 않고 다 같이 함께 가는 것을 추구하는 것 같다. 또한 기독교 대안학교이기 때문에 하나님께서 원하시는 삶을 어떻게 살아가야 하는지 알려주는 것 같다. 당신은 교육적 철학과 함께 성장하고 있나요? 라는 질문에는 중간 정도라고 말하고 싶다.

현준 나무와숲학교에서 말하는 나무는 선생님들, 목사님, 외부 강사분들인 것 같고 숲은 학교에 다니고 있는 학생들이 자라는 과정들인 것 같다. 나무와 숲이 추구하는 교육적 철학은 한 사람의 재능을 발휘힐 수 있도록 하고 다 같이 함께 가는 것을 추구하는 것 같다. 또한 기독교 대안학교이기 때문에 하나님께서 원하시는 삶을 어떻게 살아야 하는지 알려주는 방향으로 가는 것 같다.

대안학교를 한마디로 말한다면 여러 가지 길이라고 말할 수 있을 것 같다. 이유는 일반 학교에서는 시험을 잘 보고 대학을 목표로 하는 방법을 중요시하지만, 대안학교는 여러 방법을 통해 학생 한 명 한 명의 재능을 찾을 수 있게 도와주기 때문이다.

이슬 우리 나무와숲학교에서 말하는 나무는 학생 한 명 한 명을 뜻합니다. 나무가 각각의 숲을 이루는 것이 목표이며 여기서 숲은 나무들이 세상으로 나가서 이루는 아름다운 공동체입니다. 교가에 '너와 난 나무 되어 푸른 숲을 이루는 그날을 꿈꾸네.'라는 가사가 있는데 이 가사와 같이 너와 나, 즉 나무들이 푸른 숲, 각자의 아름다운 공동체를 이루는 것에 대해 잘 표현해 주고 있습니다.

대안학교는 '자유'입니다. 자유라는 것은 추상적이어서 정의하기에 따라 다른 의미가 있습니다. 대안학교의 자유는 스스로 자신의 길을 개척할 자유, 나의 시간을 내가 다스릴 자유, 내 인생을 내가 꾸려나가고 계획할 자유를 보장해 줍니다. 자유롭게 풀어준다고 해서 탈선하지 않습니다. 선생님들 역시 방치하고 있지 않으며, 진정한 자유와 책임이 무엇인지 깨닫도록 해줍니다.

우리 학교는 '공동체'를 중요하게 여깁니다. 스스로 해낼 수 있는 환경을 조성해주는 것, 다른 사람을 소중히 여기도록 이끌어 주는 것, 하나님의 자녀로서 세상을 빛내는 것, 나무가 되어 숲을 이루도록 키워내는 것이 우리 학교가 추구하는 가치라고 생각합니다.

은송 숲에는 다양한 종류의 나무가 있다. 키가 큰 나무, 상처가 나 있는 나무, 나뭇잎이 빨간 나무 등 많은 나무가 모여 하나의 숲을 이루고 있다. 나무와숲학교의 사람들은 하나의 나무이다. 서로 취향과 성향이 다른 사람이 모여 하나의 공동체, 즉 숲을 이룬다. 이것이 나무와숲학교가 아닐까? 나무와숲학교는 나를 알아가고 부족한 부분이 자연스럽게 성장하는 곳이다.

연수 나무는 각각 학생들을 가리키고 있고 숲은 전체를 나타냅니다. 각기 다른 학생이 모여 공동체가 됩니다. 나무가 하나하나 모여 숲이 됩니다. 나무 하나는 불안하지만 모여서 숲이 되면 하나의 자연이 되어 안정되어 간다고 생각합니다.

나무와숲이 추구하는 교육 방향과 철학은 자기 스스로가 계획하고 움직이는 주도적인 방향으로 갈 수 있게 도와줍니다. 그리고 학교 활동에서도 자발적으로 행동하길 원하십니다. 하나님 안에서 어떻게 살아가는지에 대해 고민을 많이 하고 가르쳐주십니다. 이 두 가지가 나무와숲이 추구하는 교육 방향과 철학인 것 같습니다.

한마디로 내게 있어 나무와숲은 인생의 공동체를 만나는 곳입니다.

예담 나무와숲이 말하는 나무는 학생 한 명 한 명이라고 생각합니다. 그리고 이러한 학생들, 즉 나무들이 모이면 숲이 되는데 다른 말로는 공동체가 이루어집니다. 그래서 나는 이러한 숲이 바로 나무와숲이 말하는 숲이라고 생각합니다. 그런데 이 숲에는 우리 학생의 학부모님, 선생님들 그리고 광범위하게 보면 동물들까지 함께 어울려 살아가는 공간으로도 볼 수 있기 때문에 숲의 또 다른 의미는 함께 살아가는 곳이라고 생각합니다. 그리고 우리 학교의 교육적 방향은 성장하는 것입니다. 왜냐하면, 교장 선생님과 더불어 선생님들께서 저희의 자유를 우선시해 주시고 강제적으로 하는 것이 최대한 없도록 하십니다. 또한, 우리가 스스로 무언가를 계획하고 실행할 수 있도록 그리고 우리의 재능을 찾고 그 재능을 가지고 성장할 수 있도록 보조역할을 해주십니다. 그래서 저는 이러한 교육들이 우리 학교가 추구하는 교육적 방향이라고 생각합니다

효민 나무와숲에서 나무는 우리 학교 공동체를 뜻하고 나무는 우리 각자 개개인을 뜻한다. 나무와숲의 의미는 각자 다른 친구, 즉 나무들이 모여 울창한 숲을 이루어 함께 성장한다는 의미인 것 같다. 나무와숲 학교가 추구하는 교육적 철학은 공부만 잘하는 아이로 키우는 것이 아닌 바른 인성과 기독교적 세계관을 가진 아이로 키우는 교육을 추구하는 것 같다. 그렇기 때문에 공부하는 것보다 인성과 행동의 문제를 더 강하게 지적하시고 올바른 방향으로 인도해 주신다.

수한 우리 학교의 철학은 공동체입니다. 서로시로 지지하고 서로를 칭찬합니다. TMI 이지만 저는 칭찬을 너무 많이 받습니다. 그리고 우리 학교는 하나님의 시선과 하나님의 마음으로 세상을 바라보는 교육을 배웁니다. 이로 인해 저는 공동체 안에서 책임감을 배웠고 세상을 바라보는 시선이 달라졌습니다.

나의 최애 수업

은교 모든 수업을 좋아하지만 아무래도 머리 쓰는 것보다는 움직이기가 더욱더 쉽고 재미있어서 체육을 가장 선호합니다.

준수 하브루타 수업이요. 왜냐하면, 우리의 의견을 거의 수용하고 우리가 말을 함과 동시에 듣기만 하지 않고 말을 하다 보니 기억에 많이 남고 제 성격상 말하는 것을 너무나 좋아하기 때문에 하브루타 수업이 제일 재밌습니다.

이삭 체육이 재미있습니다. 원래 내가 좋아하는 수업이기 때문입니다.

신비 하브루타입니다.

서로 책을 읽고 가르쳐주거나 한 주제를 가지고 토론을 합니다. 하베르랑 대화를 나누다 보면 몰랐던 것을 알게 되고 또 다른 새로운 내용에 관해 대화를 나눌 수 있습니다. 이렇게 대화를 하면서 모르는 것을 같이 알아가는 것이 좋았기 때문에 하브루타 수업이 좋습니다.

예은 하브루타입니다.

짝을 지어서 서로의 생각을 공유하고 깊게 생각해 볼 수 있는 시간이어서 흥미로워요. 게다가 일반 학교에서는 해보지 못했던 방법으로 수업을 진행하니까 재미도 있어요.

영빈 체육. 농구를 좋아하는데, 요즘 농구를 해서 좋다. 나는 체육시간이 가장 재미있고 좋다.

현준 나무와 숲 학교에서 내가 가장 좋아하는 수업은 체육이다. 왜냐하면, 국어, 수학, 영어, 과학, 미술, 음악, 체육 과목들이 있는데 잘하지 못하고 미술과 음악은 특히 나랑 안 맞는 것 같다. 하지만 체육은 그나마 자신이 있고 체육을 조금 좋아하기 때문에 체육이 가장 좋아하는 수업이다.

이슬 나무와숲학교의 수업 중에는 단연 나의 의견을 강력하고 확실하게 표현할 수 있는 하브루타가 가장 마음에 들고 또 도움이 됩니다. 그도 그럴 것이 IK 하브루타 연구소 소장님께서 직접 수업하시기 때문에 정말 있는 그대로의 '진짜 하브루타'를 접할 수 있기 때문입니다. 그뿐만 아니라 전문가분들께서 (우리는 외부 강사분들이라고 합니다) 직접 진행하시는 수업인 에세이 수업, 액션 러닝 수업, 코칭 수업, 영어 하브루타 수업, 기독교 세계관, MBA 수업 등은 쉽게 접할 수 있는 수업들이 아니기에 직접적인 도움이 됩니다. 그리고 우리 학교 선생님분들께서 담당하시는 교과수업들도 좋습니다. 각각의 진도에 맞추어 유연하게 공부할 수 있기 때문에 많은 도움이 됩니다.

은송 체험활동을 좋아합니다.

많은 것을 경험하고, 내가 알지 못했던 것을 체험을 통해 느낄 수 있기 때문에 체험을 좋아합니다. 학교에 처음 왔을 때는 일주일에 한 번씩은 꼭 나가서 자연을 체험하고 역사를 알고 다양한 직업도 체험했습니다. 그때는 하도 많이 나갔기 때문에 체험 활동에 소중함을 알지 못했는데 이제는 한 달에 한 번 나갈까 말까 해서 우리가 나가사고 조르고 있습니다.

연수 체육 시간과 코칭 시간을 제일 좋아합니다. 왜냐하면 체육은 제가 제일 좋아하는 농구를 하기 때문입니다. 제가 이 학교에 들어오게 된 이유 중 하나가 농구 때문이었습니다.

코칭 수업은 나를 알아가고 친구들을 알아가는 시

간이어서 좋습니다. 새롭게 알아가는 테스트도 있어 재밌고 신기했습니다.

현서 학교 일과 중 제가 개인적으로 가장 재미있다고 느끼는 수업은 일단 수학과 커피 수업이고, 지금까지 있었던 것 중에 가장 재미있었던 수업은 1학기 코딩 동아리 수업이었던 것 같습니다. 친한 친구들이랑 같이 게임도 하고, 좋아하는 주제에 관해 토론도 하고, 모르던 것도 알아가는 재미가 컸던 것 같네요.

수한 당연히 수요일에 있는 채플 시간인 것 같아요. 주로 우리 나무와숲 교장 선생님이자 목사님이신 권오희 목사님께서 채플을 진행하시는데 진짜 완전 스토리 북 보는 것처럼 목사님이 하시는 말씀 하나하나가 생동감 있고, 너무 재미어요. 또 가끔 목사님의 엄청난 인맥으로 목사님의 지인을 모시고 오는데 CCM 가수, 오페라, 신기한 악기를 다루시는 분 등 모두 목사님의 지인분이라 그런지 진짜 재밌어요. 이걸 쓰는 와중에도 수요일의 채플 시간이 기다려지네요.

대학 진학에 관한 나의 생각

은교 대학을 꼭 갈 필요 없다고 생각합니다. 하지만 내가 하고 싶은 일을 더욱 폭넓은 곳에서 자세히 배우고 싶어서 진학해 보고 싶습니다. 또한, 대학에서 경험하는 일들도 살면서 도움 될 수도 있어서 가고 싶습니다.

이삭 유독 우리나라가 대학 들어가기 힘을 듭니다. 그런데 내 생각에는 기술을 배우거나 다른 자격증들을 먼저 취득하는 것이 오히려 더 좋을 수 있다고 생각합니다.

신비 대학교는 선택인데 우리나라는 대학교를 우선으로 가야 한다고 하면서 사람을 평가하는 하나의 수단으로 사용하고 있는 것 같아 안타깝습니다.

대학교에 꼭 갈 필요는 없다고 생각합니다. 자신의 꿈과 관련이 있거나 알고 싶은 것이 있거나 나에게 좋은 결과와 꿈을 준다면 가는 것이 좋을 것 같지만 꼭 가야하고 남들이 가니까 갈 필요는 없는 것 같습니다.

예은 우리나라 학생의 90% 이상이 대학에 가는 이유가 사회적 분위기 때문이라고 생각해요. 왜냐하면, 우리나라는 고등학교를 졸업한 뒤 대학교에 가는 것을 당연하게 여기잖아요. 대학교에 가시 않으면 무시를 당하는 정도니까 많이 가는 것 같아요. 그래도 요즘엔 대학교에 꼭 가지 않아도 된다고 생각하는 사람이 많아져서 시간이 지날수록 안 가는 사람이 전보다는 많아질 거로 생각해요. 나도 대학교에 꼭 가지 않아도 된다고 생각하는 사람 중의 한 명이라 우리나라가 대학교를 생각하는 사회적 분위기가 자유로워졌으면 좋겠어요.

영빈 나는 대학을 꼭 가야만 잘 살 수 있는 것은 아니기 때문에 대학을 가면 도움은 되겠지만 대학을 필수적으로 가야 한다고는 생각하지 않는다.

대학을 안 다니고 고졸이거나 고등학교를 중간에 그만두고 다른 일에 열중하는 사람 등 대학을 가지 않아도 잘 살고 성공하는 사람이 많다고 생각하기 때문에 대학을 꼭 가야만 잘 살 수 있는 것은 아니라고 생각한다.

현준 어릴 때부터 어른들이나 선생님들께서 "대학은 가야 한다."라는 말씀을 하시고 우리나라가 사회적으로 대학을 나오지 않으면 취업이 어렵다고 세뇌해서 학생들이 대학에 진학하려고 하는 것 같다. 나는 고등학교를 졸업하고 자신의 미래에 이룰 무언가를 준비할 때 대학에 가는 것이 중요하다고 생각이 들면 그때 가야 한다고 생각한다.

이슬 오로지 대학만을 위해 학창 시절을 보내기 때문에 당연한 결과라고 생각됩니다. 대학만이 답이 아니라는 사실을 깨닫게 하기 위해선 우리나라 교육의 현실을 바꾸어야만 합니다. 물론 바꾸어나가기 위해선 아주 오랜 시간이 걸릴 수 있습니다. 그러나 모두가 제도에 대한 문제점을 개선하기 위해 노력한다면 고통스러운 입시는 바뀌게 될 것입니다.

수한 나는 대학교는 갈 생각입니다. 내가 공부하고 싶은 분야에 대해서 더 폭 넓고 자세하게 배울 수 있기 때문입니다. 하지만 학문 연구나 획실한 자기 계획이 없이 그냥 남들이 가니까 나도 간다고 하는 마음으로 대학은 가려고 한다면 시간 낭비 인것 같습니다.

예담 우리나라는 학업을 먼저 보는 나라이기에 90% 이상이 진학을 한다고 생각합니다. 그리고 나는 대학교에 꼭 진학할 필요가 없다는 주장입니다. 왜냐하면, 학업이 우리 삶의 전부는 아닌데 현재 우리나라는 학업이 전부라고 생각하는 것 같습니다. 또 대학교에 진학하지 않는다고 해서 문제가 될 것은 없기 때문에 꼭 대학교에 진학할 필요는 없다고 생각합니다. 대학교를 나오지 않더라도 할 수 있는 건 얼마든지 많습니다. 사회에서 배우는 것들로 지식을 쌓을 수 있다고 생각하기 때문에 꼭 대학에 진학할 필요가 없다고 생각합니다.

동준 솔직히 잘 모르겠다. 내 주변 친구 중에 대학에 안 가고 바로 취직한 친구들도 있기 때문이야. 대학을 다닌 사람과 안 다닌 사람의 차별과 시작하는 위치가 달라질 수 있겠지만, 자신의 적성을 살려서 하고 싶은 일을 하면서 산다면 굳이 안 가도 될 것 같아.

효민 우리나라 대부분 부모님이나 선생님께서 인생의 성공 비결 첫 번째 필수코스를 대학으로 생각하시는 것 같다. 부모님들 세대는 어떠했을지 모르지만, 대학이 필수라는 소리는 시대에 뒤처진 것 같다. 하지만 이해는 한다. 좋은 대학에 가려면 성실해야 하며 공부를 잘해야 하기 때문에 안가는 것보다 더 많은 길이 열릴 수 있다. 하지만 학생이 공부나 진로를 위한 활동을 아예 하지 않으면 몰라도 자신의 진로를 찾고 그것을 위해 다른 것을 열심히 준비하는 학생에게 무조건 공부만 하라고 하는 것은 잘못된 행동인 것 같다.

연수 대학은 진학해야 합니다. 대학에서 사회생활을 배우고 인간관계를 형성하기에 충분한 조건이 갖추어져 있습니다. 또 다 큰 어른들도 배우고 싶은 것을 배우러 대학에 입학합니다. 대학에 진학할 필요는 있지만, 꼭 시기가 정해져 있지는 않은 것 같습니다.

준수 대학을 들어가서 더 좋은 공부를 하고 자신이 하고 싶은 것을 찾아가며 더 나은 미래를 꿈꿀 수 있으며 대한민국에서는 대학교를 졸업하지 못하면 취직 같은 일자리 구하는 게 아주 어렵습니다. 취직을 위해서라도 대학을 진학해야 합니다. 지금의 대한민국에서는 대학교에 진학할 필요성은 있습니다. 저도 마찬가지로 하고 싶은 것들이 있기 때문에 그런 것들을 위해서라도 대학을 진학하여서 많은 것을 보고, 많은 것을 공부하는 게 좋다고 생각합니다.

대안학교 꼭 필요할까?

은교 물론 일반 학교의 교육 방법과 규칙이 잘 맞는 사람들도 있습니다. 하지만 세상에는 여러 성향을 가진 사람이 많은데 그 사람들의 개성을 하나의 규칙이나 시스템으로 묶어서 교육하면 자신의 특기와 개성을 잘 알지 못하고 다른 사람들을 따라가는 경우가 많습니다. 그렇기 때문에 그 사람들의 개성을 모두 받아주고 발견할 수 있도록 도와주는 대안학교는 꼭 필요하다고 생각합니다.

대안학교를 일반 학교에서 적응이 안 되거나 자퇴를 했지만 갈피를 못 잡고 있는 친구에게 추천하고 싶습니다. 나도 학교 진도도 못 따라갔고 인간관계에서도 힘들었습니다. 하지만 나무와숲학교에 와서 열등감도 거의 없어지고 인간관계에서도 스트레스를 받지 않습니다. 공부도 하나하나 차근히 하다 보니 도움이 되었기 때문에 추천하고 싶습니다.

다들 어떠한 이유로 오려고 하는지 모르지만, 여기에 와서 스스로 노력한다면 꼭 성장할 수 있을 거라고 장담할 수 있습니다.

왜냐하면 나도 지금까지 많이 성장했고 다니고 있는 친구들도 다들 성장했다고 생각합니다. 그러니 잘 고민해서 선택하면 좋을 것 같습니다.

이삭 일반 학교에서 어려운 친구들을 받아주고 선교사나 목사님의 자녀가 와도 좋와서 대안학교는 필요할 것 같습니다.

신비 하나님께서 개인에게 주신 목적과 이 땅에 나를 보내주신 이유를 알아갈 수 있고 예배를 드리면서 기독교 세계관을 배우고 하나님과 가까워지면서 나의 목적을 찾을 수 있습니다.

먼저 대안학교에 오면 다른 학교보다 더 많은 질문을 할 수 있고, 그 질문을 토대로 토론하고 의논을 할 수 있어서 생각의 폭이 넓어진다고 생각합니다.

여러 경험을 통해 창의성을 높일 수 있습니다. 경험이 많아져 폭넓게 생각할 수 있고 남들과는 다른 시각으로 또는 나만의 가치관으로 사물이나 사람을 바라볼 수 있습니다.

인간관계에 지치거나 힘든 친구, 성적이 오르지 않아 걱정인 친구, 여러 대화와 토론을 통해 다양한 의견을 듣고 삶에 적용하고 싶은 친구, 진로를 정하고 싶은 친구, 여러 경험을 하고 싶은 친구입니다.

나는 검정고시와 대안학교에 대해 제대로 모르고 와서 처음 적응할 때 조금 어려웠습니다. 그래서 확실히 대안학교를 알아보고 나닐 자신이 있고 의지가 있다면 도전해 보세요! 꼭 고민해보고 오세요!

현준 기독교 대안학교가 필요한 이유는 일반 학교에서 경쟁과 차별로 인해 스트레스와 상처를 받았던 학생들에게 경쟁에 대한 스트레스를 주지 않고 차별로 상처를 받은 학생들을 존중하며 공감해주기 때문이다.

대안학교를 고민하는 친구들에게 하고 싶은 말은 대안학교는 일반 학교들과 아주 다르고, 선생님들께서 학생들을 차별하지 않고 다 관심 있게 보신다고 말하고 싶다.

수한 대안학교를 한마디로 표현하자면 전환점이라고 생각합니다. 왜냐하면, 이 학교에 오기 전에는 자신감이 크지 않았고 항상 고민을 많이 했었는데 전환점이라는 대안학교에 와서는 자신감이 넘치며 고민도 많이 사라지고 고민이 있으면 한 분 한 분이 진심으로 저와 대화를 해주시기 때문에 이 학교를 전환점이라고 생각합니다.

기독교 학교가 필요한 이유는 우리가 삶에 있어서 필요하고 유용한 것들을 많이 배울 수 있기 때문입니다. 기녹교 학교에서는 하나님의 사랑과 공동체 등을 배웁니다. 사랑은 서로를 미워하지 않으며 서로를 시기나 질투하지 않고 서로서로 진심으로 생각합니다.

또 이 사랑을 토대로 공동체를 이루는 데 공동체의 장점이 서로를 의지하며 더욱더 나아갈 수 있다고 생각합니다.

솔직하게 말해서 재미있는 곳은 일반 학교라고 생각합니다. 하지만 진정으로 삶의 품질을 향상하고 사회에 나갔을 때 걱정과 근심이 없이 살고 싶은 친구들은 이 대안학교에 왔으면 좋겠습니다.

이슬 사람은 모두 각각 다른 가치와 신념을 가지고 삽니다. 배려를 최고의 미덕으로 여기는 사람도, 개인의 이익을 중시하는 사람도 이 세상에서 교회를 이루고 있습니다. 그들 중에는 하나님의 형상을 따라 사는 것을 추구하는 사람도 있습니다. 꼭 교회를 다니지 않더라도 하나님의 존재를 깨닫고 알아가고 싶어 하는 사람들도 있습니다. 그런 사람들이 기독교적 가치관을 다져나가기 위한 출발점이 기독 대안학교라고 생각합니다. 하나님에 대해 잘 아는 사람도, 잘 알지 못하는 사람도 누구나 기독교적 가치관 안에서 생각하는 훈련이 필요하다고 느낀다면 기독교 학교는 앞으로도 계속 필요할 것입니다. 혼돈의 세상에서 마음의 중심을 지키기 위해선 학창 시절부터 깊은 영적 훈련이 필요하다고 생각합니다.

 나는 주위 사람들에게 섣부르게 대안학교에 오라고 추천하고 싶지 않습니다. 대안학교에 오기 전에 충분히 고려해야 할 사항들이 많고, 대안학교에서의 경험이 인생 전반에 걸쳐 영향을 끼칠 수 있기 때문입니다. 학교에서 생활이 진절머리 날만큼 지겹거나, 적성에 맞지 않는 사람들 또 공교육이 부당하다고 생각하거나, 아무리 노력해도 최상위권의 친구들만 우대하는 것이 싫은 사람들에게 먼저 대안학교에 관해 이야기해 주고 싶습니다. 사회에서는 어떤 꿈을 가져도 다 그 꿈을 위해서 공부를 잘해야만 이룰 수 있다고 합니다. 그러므로 친구들은 꿈을 일찌감치 포기하거나 자신의 잠재력을 우습게 여기게 됩니다. 꿈이 없더라도 조금의 경험만 하게 된다면 다들 자기만의 수망을 찾아갈 수 있을 것입니다. 대안학교에 대한 이야기를 듣고 가슴에 울림이 생기는 사람들에게 대안학교를 추천해 주고 싶습니다.

기독교적 세계관과 공동체, 인성교육이 중요하다고 생각하시는 사람들이 계신다면 나무와숲학교를 추천합니다. 나무와숲학교의 능력은 제가 확실하게 보증할 수 있으니까요.

동준 꼭 필요한지는 아직 잘 모르겠지만 일반 학교 적응을 못 하는 친구들이 다니기는 좋은 것 같아. 그 이유는 공교육의 교육방침이 마음에 들지 않는다면 대안학교의 다양한 체험활동과 진로를 위한 교육 등을 원하는 친구들이 다니기에 좋은 것 같아.

은송 대안학교는 나를 사랑으로 품어 준 곳 중의 한 곳이다. 처음 대안학교에 오기 싫었다. 6년 넘는 친구들과도 헤어지고 수학여행도 못 가봤고 또 새로운 환경에서 새로운 사람들과 알아가고 적응해 가는 걸 안 좋아했기 때문에 오고 싶지 않았다. 하지만 여러 사람의 설득으로 대안학교에 들어왔다. 처음엔 내가 원하지 않았지만, 지금은 내가 제일 만족하고 행복해 하면서 학교에 다니고 있다. 사람 일은 모르는 거다. ㅋㅋㅋ

우리 학교를 추천할 것이다. 우리 학교가 좋다는 것을 5년이 지난 지금에야 깨달았다. 다른 친구들은 좀 더 어릴 때 와서 자신이 성장했다는 것을 빨리 깨달았으면 좋겠다. 성장했다는 느낌을 경험해 봤을 때 그 희열과 지금보다 더 열심히 해야겠다는 느낌을 받았다. 초4~중1 정도 학생에게 꼭 추천하고 싶다.

연수 대안학교는 세상의 학교와 다르게 올바른 교육 방향에 맞게 배울 수 있습니다. 일반 학교에서는 많은 친구와 친해지기 어려운 친구들은 대안 학교에 오면 좋을 것 같습니다. 친화력이 낮은 친구들이 적응하기에 서로에게 좋은 영향력을 끼칠 수 있는 곳입니다. MBTI의 e가 i를 적극적이게 리드 할 수 있고, i가 e의 성격을 차분하게 시킬 수도 있습니다. 둘의 성향과 행동 성격 등을 보면서 서로가 영향력을 끼치는 친구, 사람이 될 수 있습니다. 그리고 학교에서 평소 친구 관계에 문제가 있는 친구들이라면 더욱이 대안학교에 오면 좋습니다. 일반 학교에서는 왕따 같은 폭력을 당할 가능성이 크지만, 여기 기독교 대안학교에서는 거의 있을 수 없습니다. 왜냐하면, 친구들과의 관계와 문제를 함께 고민하는 학교이기 때문입니다.

예담 기독교 대안학교가 필요하다고 생각하는 이유는 기독교인 학생들을 보면 항상 말로는 평일에도 하나님과 같이 지낸다고 합니다. 그런데 말로만 그렇게 하고 행동으로는 그렇지 않은 친구들이 많다고 생각합니다. 그런데 기독교 대안학교는 하나님과 함께하고 말씀 묵상도 하며 하루를 삽니다. 이로 인하여 하나님과 가까워지고 함께 하기에 필요하다고 생각합니다.

현서 대안학교는 어떤 면에서 보면 필요하지 않다고 느껴질 수도 있어요. 하지만 대안 교육이 만들어진 이유를 생각해보면 그렇지 않다고 생각되는데요. 애초에 단 한 명이라도 다른 해결책이 필요하다면 다른 해결책이 존재하는 게 맞으니까요.

준수 저는 추천하고 싶습니다. 왜냐하면, 제가 다녔던 학교는 많지 않지만 다른 학교 학생들의 생각을 들어보니 친분 쌓기가 많이 어려운 것 같더라고요. 저는 대안학교에 와서 애들과 거의 3, 4일 만에 친해졌다는 걸 생각하면 대안학교가 친분 쌓기가 좋다는 거지요. 그리고 일반 학교에서 하지 않은 다양한 수업을 해서 저는 좋은 것 같습니다. 그래서 대안학교를 추천하고 싶습니다.

저는 잘생긴 친구들과 예쁜 친구들 그리고 말이 통하며 말 많은 친구들에게 추천하고 싶습니다.(사심 가득) 그리고 평소에 사교성이 좀 없는 아이들과 마음을 닫은 아이들이 왔으면 하는 바람이 있습니다. 그러면 그 친구들과 친해지면서 닫힌 마음의 문을 열어주고 싶기 때문입니다.

전하지 못한 아쉬운 한 마디….

은교 이 글을 쓰다 보니 계속 옛날 일, 최근 일, 재미있었던 일 등 여러 가지 생각을 하게 되어 좋았습니다. 그리고 글을 쓰며 학교에 대해 더욱 정확히 알게 되어서 보람찬 시간이었습니다.

이삭 대안 학교라는 걸 모르는 친구도 있고 편견도 있을 수 있지만, 무엇을 상상하든 그 이상입니다. 어서 오세요!

신비 먼저 이 글을 읽는다는 것은 대안학교에 관심이 있거나 알아보고 싶으신 분일 거에요. 모든 분께 도움이 되었으면 좋을 것 같아요. 그리고 꼭 꿈을 찾고 그 꿈을 향해 가는 방법을 꼭 대안학교가 아니어도 괜찮으니까 자신에게 맞는 길을 잘 찾으시고 방향은 언제든 바꾸어도 좋으니까 포기하지 않으셨으면 좋겠어요.

현준 일반 학교는 경쟁과 차별이 심하고 학생들은 욕설하며 따돌림도 시킨다. 하지만 나무와숲은 아니다. 경쟁과 차별은 찾아볼 수 없고, 학생들이 욕을 하거나 따돌리지도 않는 학생 한 명을 아주 소중한 존재로 존중하고 배려하는 학교이다.

이슬 정말 긴 여정이었습니다. 하고 싶은 말이 참 많았는데 다 담지 못해 아쉬울 따름입니다. 그러나 이 책을 읽고 단 한 사람이라도 새로운 길에 대한 소망을 갖게 된다면, 그것으로 나는 만족할 것입니다. 누구라도 괜찮습니다. 고통스러운 지금 현실에서 벗어나고 싶다면 단 하나의 행동이라도 시작해 보세요. 감사합니다.

은송 글쓰기는 정말 어려운 것 같다. 나의 이야기, 학교의 이야기를 말로 하는 것도 힘든데 글로 자세히 쓰려고 하니 조금은 버거운 감이 있었다. 하지만 글을 쓰는 가운데 그날 있었던 일을 친구들과 이야기하며 추억여행을 할 수 있었다.

연수 이런 에세이를 쓰는 것이 처음인데 좋은 경험과 시간을 가진 것 같습니다.

수한 미리 글을 다 쓰지 못해서 막바지에 나머지 글을 보낼 수 있었습니다. 진정으로 삶의 품질을 향상하고 사회에 나갔을 때 걱정과 근심이 없이 살고 싶은 친구들은 이 대안학교에 왔으면 좋겠습니다. 글을 마치며 하고 싶은 말은 쏴랑해용 ^^

동준 무작정 체험활동이 많고 재미있을 거라는 기대로 대안학교에 가지는 않았으면 좋을 것 같다. 그러다가 후회한 친구를 본 적이 있기 때문이다. 학교의 특징과 철학이 자기 생각과 잘 맞는지를 고민해 보고 결정하는 것이 최선인 것 같다.

예담 대안학교는 학생들의 쉼터이다. 왜냐하면, 일반 학교에서는 공부에 치여 살지만, 대안학교는 여러 체험도 하면서 시간을 보내기 때문이다. 일반 학교 다닐 땐 정말 스트레스도 많이 받고 힘들게 살았는데 대안학교로 오고 나서는 이러한 스트레스가 사라졌기 때문이다. 또한 쉼터라는 건 쉬었다 가라고 있는 공간인데 대안학교가 쉬었다 공부하라는 느낌을 주기 때문이다. 그래서 내가 생각하는 대안학교는 쉬어 가라고 있는, 쉴 수 있는 공간 '쉼터'이다.

효민 마지막으로 하고 싶은 말은 대안학교란 자신의 꿈을 이루기 위해 남들과 똑같은 길을 가지 않고 다른 길을 선택한 아이들의 학교다.

희성 대안학교는 재미있는 학교다. 공부도 재미있고, 여러 활동도 재미있고, 친구와 선생님들도 모두 재미있다. 그래서 대안 학교는 '재미'다.

현서 이 글들을 쓰면서 너무 뇌를 빼놓고 쓴 것 같아 죄송하네요. 솔직히 잘 쓴 것 같지는 않지만 그래도 읽으면서 '아 이런 애도 있구나.'라는 정도로 봐주시면 감사하겠습니다.

준수 마지막 말을 남기자면 모두 가슴을 열고 사십시오. 저는 여태까지 혼자 마음을 닫고 살았습니다. 하지만 점점 성인이 되어 가는 과정을 느끼면서 저는 혼자가 아니라고 생각했고 다른 사람들과 교류를 할 수 있을 정도로 성격이 많이 변했습니다. 그런데도 저는 아직 마음의 문을 완전히 연 것은 아닙니다. 다가가지 못하는 것들이 다수고 그걸 해낼 수 있을 거라는 자신감도 없습니다. 하지만 그 두려움을 이겨내야 한다고 생각합니다. 그러니 여러분들도 좋은 생각을 가지고 행복을 좇아가십시오. 자신의 행복이 뭔지 몰라도 됩니다. 자신의 행복은 자기가 만들어가는 것이니 그 행복을 찾을 수 있을 때까지 포기하지 말고 열심히 자신이 할 수 있는 것을 하면 됩니다.

Graduate

학교를 졸업하면서

- 나에게 나무와숲이란?
- 가장 기억에 남는 순간
- 졸업하는 나에게
- 동생들에게

학교를 졸업하면서

Q. 나에게 나무와숲이란?

현준 제 인생에 전환점 같은 곳이에요. 전환점이라는 말이 맞을지는 모르겠지만 저의 생각과 성격 등을 완전히 새롭게 해준 곳이죠. 어차피 나의 이야기를 들어주는 사람이 없다는 생각에 학교에서도 창밖만 보며 하루에 열 마디 이상은 하지 않았던 저에게 끊임없이 저의 생각과 마음을 물어봐 주시고 표현하도록 해준 곳이 나무와숲입니다. 이제는 때론 수다쟁이라는 이야기를 듣기도 해요.

은송 나무와숲은 저에게 선택과 경험의 장이었어요. 나무와숲에 오기 전에는 선택을 못해서 힘들어하던 사람이었어요. 그런데 이곳에선 저에게 선택의 기회를 주고 기다려 주셨어요. 이것이 경험으로 이어지는 시간을 보내며 이제야 나에게 맞는 옷을 입었다는 생각이 드는 생활을 할 수 있었어요.

효민 이렇게 이야기하면 선생님들과 친구들이 웃을 것 같지만 저에게 나무와숲은 인도하심을 느끼게 해준 곳이에요. 일반 학교를 가고 싶은 마음에 고2가 될 때 그만두려고 마음먹은 저에게 그 길이 막혀 어쩔 수 없이 남게 된 이곳에서 지금이 되기까지의 시간을 돌아볼 때 하나님께서 나의 삶을 인도하시고 계신다는 생각이 들어요. 내 마음대로 되지 않던 순간도 지금의 저를 만드시기 위한 하나님의 큰 그림이었죠. 아마 제 마음대로 했다면 학교에서 놀고 수업 시간엔 졸면서 시간을 낭비했을 것 같아요. 지금처럼 제 꿈을 찾아서 간호대학에 가는 긴 꿈도 못 꾸지 않았을까 싶어요.

동준 저에게 나무와숲은 진로 찾기 여정을 함께 해 준 곳이에요. 다니던 학교를 자퇴하고 앞으로의 진로가 막막하게 느껴진 저에게 다양한 경험과 강점을 살려 진로를 찾을 수 있게 해 주었어요. 아직 갈 길이 멀긴 하지만 도전할 수 있는 길을 찾은 것만으로도 감사해요.

Q. 가장 기억에 남는 순간

은송 나무와숲에 온 지 얼마 안 되었을 때 하이킹을 하러 간 적 있었어요. 난생처음 스스로 계획하고 진행해 본 행사였어요. 생각에서 그치지 않고 실행해 본 경험은 거의 없었기 때문에 처음 해본 경험에 신기하고 가슴이 뛰었던 것 같아요. 그런 경험을 통해서 지금 저는 무언가를 계획하고 함께 실행해 나가는 일을 가장 좋아해요. 이것을 토대로 앞으로 저의 가치를 담아 사람들에게 전하는 사람으로 살고 싶어졌어요.

효민 제가 나무와숲에서 가장 기억에 남는 순간은 선생님들께서 3년 동안 했던 잔소리 순간들이에요. 사실 잔소리를 들을 때는 엄마보다 더 잔소리를 많이 하시는 선생님들을 다 이해하지 못했어요. 그런데 어느 순간 그 잔소리가 진짜 내 인생을 위해 애쓰고 사랑해 주는 선생님들의 사랑이구나 느꼈던 순간이 있었어요. 지금 되돌아볼 때 그 순간이 가장 뭉클하게 기억에 남아요.

현준 가장 기억에 남는 순간이라니 어렵게 느껴지는데 저는 나무와숲에서 가장 신기했던 건 질문을 객관식이 아닌 주관식으로 받은 순간들이었어요. 매 순간 너무 어려웠지만 동시에 내가 존중받는 신기한 경험의 순간이었어요.

동준 나무와숲 공동체 주간에 올레길을 온종일 걸은 적이 있어요. 발이 아플 만큼 친구들과 힘들게 걷고 엄마 식당에 가서 친구들과 다 같이 신나게 밥 먹었던 순간이 가장 기억에 남는 추억이 된 것 같아요. 고생 후 밥은 꿀맛!

Q. 졸업하는 나에게

효민 "정신 차리자! 이제 시작이다. 더 나은 사람이 되자." 졸업할 때가 되니 왜 더 빨리 생각하지 못했을까 싶지만, 앞으로는 후회하지 않도록 살고 싶어요.

은송 "나무와 숲에서 5년 동안 고생했고, 5년 동안 성장했지만 지금 여기서 멈추지 말고 계속 성장하는 사람이 되자!" 그래서 저의 10년 뒤, 20년 뒤가 더 기대가 돼요!

현준 "이제는 더 도전하면서 살자. 더 나를 표현하면서 살자." 기회를 주신 만큼 더 충분히 도전하진 못했던 것 같아서 아쉬움이 남아요. 그래서 앞으로는 더 많이 도전하는 삶을 살고 싶어요!

동준 "대학에서도 더 선한 영향을 주는 사람이 되도록 노력하자!!!" 뒤늦게 나무와숲에 와서 아직 부족한 점이 많은 것 같아서 더 보완하면서 주변에 좋은 영향을 주는 사람이 되고 싶어요.

Q. 동생들에게

은솜's message
"지금 니희가 하는 많은 일이 당장은 아무것도 아닌 것 같아도 너희도 모르는 사이 성장하고 있을 거야. 절대로 멈추지 말고 열심히 도전해! 애들아!"

동준's message

"뭐든지 열심히 배워두면 쓸모 있어. 영어는 진짜 열심히 배우면 좋아. 그리고 무엇보다 너희가 주변에 선한 영향을 주는 사람들로 살길 바라."

현준's message

"너희들이 지금 하고 있는 일의 의미를 고3 때 알게 될 것이다. 그러니 후회 말고 미리 하길!"

효민's message

쌤들 말만 들어도 반은 간다. 애들아!

Heart & Prayer

교사의 글

- 사랑하는 나무들에게

교사의 글

사랑하는 나무들에게

박효경 쌤 (음악, 초등)

문득 나의 청소년 시절은 이들처럼 차근히 미래를 고민하고 계획했던가 떠올려 봅니다. 항상 곁에서 보던 모습과 다른 각자의 시선의 이야기를 들을 수 있어서 행복했습니다. 괜히 밥 먹는 것도 의젓해 보이고 그러네요. 여러 선택의 갈림길에서 하나님의 자녀로 씩씩하게 사는 학생들이 되길 기도합니다.

사랑해 나무와숲 친구들아~.

김예림 쌤 (체육, 초등)

나무들이 모여 숲이 되듯 너희들의 이야기가 모여 멋

진 책이 되었구나! 앞으로 학교에서 보내게 될 시간 동안에도 계속해서 행복한 이야기들이 만들어졌으면 좋겠다.

이혜원 쌤 (과학, 진로)

너희가 가는 목적지만 보기보다 너희가 가는 길이 더 아름답도록, 모두가 가는 길보다 너희의 길을 갈 수 있도록 더 응원할게! 우리 함께 길을 만드는 사람들이 되자, 너희답게! 나무와숲답게!!! 사랑해 애들아~

고현섭 쌤 (수학, 자치회)

나무와숲에 오기 전에는 '선생님'이란 가르치는 사람이라 생각했었어. 나무와숲에 와서 너희들과 시간을 보내며 느낀 '선생님'은 학생을 가르친다는 말보다 '학생을 섬긴다. 학생을 사랑한다.'라는 말이 더 어울리는 표현 같아. 서로 섬기고 사랑하는 우리가 되자.

이연주 쌤 (국어, 교감)

우리 학교 학생들은 나를 항상 움직이게 하고 안주하면 안 된다며 채찍질한다. 그들은 그저 있는 그대로 꾸밈없이 말하고 다가올 뿐인데, 나는 그들을 보며 교사로서, 어른으로서 무엇을 해줄 수 있을까하고 고민하게 한다. 자연스레 내가 해야 할 일의 과제가 된다. 늘 내게 과제가 있다는 것은 살아있다는 것이고 어느 순간, '살아갈 이유'가 된다는 것도 깨닫는다. 이번에는 책에 그 움직임이 고스란히 담겨 있다.

그들의 꾸밈없는 목소리와 웃음, 몸부림, 가치관 등이 모두 글이 되었고, 책이 되었다. 비록, 나무와숲학교 친구들을 직접 만날 수는 없지만, 이 안에 담긴 그들의 생동감(生動感)의 언어로 청소년의 삶에 공감하길 바라며, 더불어 이 땅의 많은 청소년을 바라보고 다가가는 눈높이가 되길 소망한다.

서영상 쌤 (프로젝트, 행정)

획일화되지 않은 아이들의 날 것 같은 글을 읽으면

서 그들과 함께 좌충우돌 부대끼며 지나온 시간이 머릿속에서 두루마리 펼치듯 떠올랐다. 옳고 그름이나 우리 안의 가치가 세워졌는지 아닌지 와는 별개로 그 순간들은 우리에게 분명한 희로애락을 경험케 했으며 뒤이어 각자의 마음속 나무와숲 이라는 공간에 추억이라는 이름으로 아로새겨졌을 것이다.

이후로도 나무와숲의 아이들과 교사들은 서로가 서로에게 여러 흔적을 남길 것인데, 부디 그 흔적에서 아름다운 추억이라는 가지가 움터 자라고 그것이 우리를 더 풍성한 나무로, 또 많은 이를 품어줄 수 있는 아름다운 숲으로 성장케 하는 귀한 양분이 되길 소망한다.

김순자 쌤 (영어)

항상 꿈을 가지고 자라나는 나무들아, 숲을 이루기 위해 신앙안에 자라는 너희 소리가 바람 소리에 흔들리는 나뭇가지들 소리보다 더 우렁차게 들리는구나~^^ 선생님이 아닌 우리 서로 사랑하는 사람으로 학교를 생각했을 때 늘 남았으면 좋겠다~.

이종은 쌤 (역사, 사회)

살아 있는 모든 것들은 빛을 냅니다. 그러나 어떤 것도 스스로는 빛을 낼 수 없다는 것을 우리는 알고 있습니다. 저는 나무와숲 아이들이 별빛과 달빛과 햇빛을 머금고 자란 나무들처럼 형형색색 빛을 내는 숲을 이루고 있음이 설렙니다. 빛이신 예수님으로 나를 채우기로 선택한 아이들, 그 빛을 받고 성장하기를 애쓰는 나무와숲의 아이들을 응원합니다. 그 아이들과 함께 큰 숲이 되어 주신 부모님, 선생님 모두를 존경하고 응원합니다.

한백병 쌤 (초등)

너희의 머릿속에서 맴돌던 생각들이 뛰쳐나와 언어가 되고, 그 언어들이 너희들의 삶이 되고, 너희들의 꿈이 되어 예쁜 꽃으로 피어나고 있다. 숲에는 길이 없다. 너희가 걸어가는 곳이 길이 된다. 그리고 뒤따르는 그 누군가에게 나아갈 길이 되어 줄 것이다.

이인경 쌤 (미술, 초등)

씨앗으로 만나 새싹을 틔우고 이리저리 바람에 흔들리다 꽃을 피우는 너희를 응원해!!^^ 각기 다른 곳에서 각자의 모양으로 멀리멀리 향기를 풍기고 풍성히 열매 맺어주길♥

신수영 쌤 (글쓰기)

글 속에는 글을 쓴 사람의 모든 것이 고스란히 담깁니다. 글쓴이의 생각, 감정, 때로는 성격까지 읽을 수 있습니다. 그래서 글쓰기는 쉬우면서도 어려운 작업이지요. 이번에 학생들이 쓴 글을 묶은 책이 나옵니다. 이 책으로 나무와숲 친구들을 만날 생각에 벌써 가슴이 두근거리네요.

우리 친구들, 만나서 반갑습니다~ 감사합니다.^^

이은성 쌤 (코칭)

나무와숲에 처음 왔을 때가 생각이 납니다. 책상에 둘

러앉아 경계심 없이 자기의 이야기를 하던 아이들. 교무실에서 작은 복도에서 친밀하게 아이들과 대화를 나누던 선생님들. 이 안에 서로에 대한 존중과 신뢰가 가득하다는 것을 알았습니다.

그런 관계 속에서 자라는 아이들의 솔직한 모습 그대로 글에 실려 있습니다. 깊은 관계 속에서 세상을 바라보며 자신의 이야기를 완성해 가는 나무와숲 친구들을 응원합니다.

김용우 쌤 (청소년 MBA 마케팅)

나무와숲 설립을 함께하고 '청소년 MBA 마케팅' 교육을 진행한 김용우 행정사입니다.

조그만 동기부여로 그 끝을 알 수 없을 정도로 크게 발전 할 수 있음을 나무와숲 학생들을 통해 배우게 되었습니다. 하나님의 일하심이 어떠한 것이지도 알게 되는 세기가 되었고, 선한 영향력을 끼치는 내일이 더욱 기대가 되는 학생들의 앞날이 항상 하나님의 말씀과 함께하길 기대합니다.

김양현 쌤 (SF영화와 기독교)

나무와숲 학생들과 '영화를 통해 본 신앙과 과학'이라는 주제로 수업을 했습니다. 우리는 SF 영화들에 나타난 과학적 사실들을 함께 탐구하고, 또한 신앙과 어떻게 조화되는지 고민했습니다. 학기 말, 학생들이 적어 낸 글을 보면서 깜짝 놀랐습니다. 너무나 진지하고 깊이 있는 평에 감동하였습니다. 작지만 작지 않은 나무와숲학교 학생들이 펼쳐 갈 세상이 기대됩니다.

황준연 쌤 (에세이)

그동안 수많은 학생을 만났다. 대부분 불행해 보였다. 하지만 나무와숲에서 본 친구들은 달랐다. 정말 행복해 보였다. 내가 다니고 싶은, 내가 꿈꾸던 학교에 다니고 있었다. 이 아이들의 일상을 알리고 싶었다. 그래서 그 이야기를 책에 담았다.

나무와숲 아이들과 한 학기 동안 글쓰기 수업을 진행했다. 아이들의 첫 반응은 '설마?'였다. 하지만 한 학기가 끝날 무렵 아이들의 이야기가 오롯이 담긴 한 권의 책이 탄생했다. 많은 학생이 또 학부모님이 이 책을 읽었으면 한다. 또 많은 아이가 이곳에서 행복했으면 좋겠다.

Blessing

학부모 추천사

- 현효성 (현예담 학생 아버지)
- 김경선 (김은교, 은송 학생 어머니)

학부모 추천사

현효성 (10학년 현예담 학생 아버지)

우리 아이는 올해 일반 고등학교 진학을 포기하고, 나무와숲학교에 입학했습니다. 아이들의 학교생활을 읽어보니 '이 학교에 보내기 참 잘했다.'라는 생각이 듭니다. 제가 우리 아이에게 이 학교를 추천한 이유는 학업으로 스트레스받지 않고, 기존의 틀에 얽매이지 않고, 다양한 경험을 할 수 있기 때문입니다.

무엇보다 기독교적 세계관으로 하나님의 꿈을 이루어 가는 삶을 살길 바라는 마음이었습니다. 1년의 학교생활을 곁에서 지켜보며 참 많이 성장한 딸이 대견합니다. 아이들의 유별남을 특별하게 바라보고 인정해 주시는 선생님들이 있어 가능한 일임을 알기에 선생님들의 수고와 섬김에 깊은 감사를 드립니다.

아이들 교육뿐만 아니라 매달 진행되는 학부모 교육

을 통해 부모의 역할을 강조하는 나무와숲의 교육 철학은 이 땅에 내로라하는 명문 학교 그 이상의 수준 높은 교육을 하고 있다고 감히 자부합니다.

김경선 (10학년 김은교, 12학년 김은송 학생 어머니)

우리 딸들은 3년 이상 이 학교에 다녔습니다. 아이들이 인생을 살면서 학창 시절의 원동력이 될 수 있는 시간이 되기를 바라는 마음으로 이 학교를 권하게 되었습니다. 학생들의 정성스러운 글을 읽다 보니 아이들의 모습에 찾아온 아름다운 변화의 이유를 알게 됩니다.

나무와숲 공동체를 통하여 소극적이고 조용했던 아이들이 모든 면에서 적극적으로 되었습니다. 기독교 신앙을 바탕으로 환대해 주고 믿어 주는 공동체에서 안정감을 찾고 자신이 발휘할 수 있는 역량을 극대화되는 분위기에서 높은 자아 정체감을 가지게 되었습니다.

학년, 반 또는 몇 명의 친한 친구만 지내는 것이 아니라 모든 학년이 친구 같은, 가족 같은 분위기로 유대감을 갖는 작은 사회를 경험하며 자라고 있습니다. 학교에 질서도 있지만 학생 각자의 자유로움도 인정해 주고 존중해 주는 문화는 일반 학교에서는 누릴 수 없는 큰 행복이라고 여겨집니다. 나무와숲학교에 관심뿐만 아니라 아이들의 교육에 관심 있는 분들의 1독을 권합니다.

"나무와숲학교"의 후원자가 되어주세요!

여러분이 심는 씨드머니는

첫째, 나무(개인, 학교구성원)를 키우는 물과 양분이 됩니다.

☺ 선교사, 목회자 자녀들을 위한 후원금으로 사용됩니다.

☺ 기독교 대안학교를 원하지만 재정적인 어려움을 겪는 아이들에 도움을 줍니다.

☺ 교원연수, 교육과정(교재)연구, 교육복지 등으로 활용할 수 있습니다. (지정후원)

둘째, 숲(공간, 공동체)을 조성하는 공간을 만듭니다.

☺ 나무가 자랄 공간(건축기금 마련)을 넓혀갑니다.

☺ 공동체 안에 필요한 여러 제반시설을 마련합니다.

후원안내

🌱 씨앗1004 (정기후원)

- 1계좌 1만원
- 희망하는 금액만큼 계좌를 선택할 수 있습니다.
  (예) 월 5만원 후원 희망시, 5계좌 신청

🌱 나무심기 (지정후원)

- 교원연수, 연구비, 학생 교원 복지 등 후원금의 목적을 지정할 수 있습니다.

🌱 숲가꾸기 (지정후원)

- 건축기금, 부동산 기증(또는 대여), 물품(도서 및 교구, 기자재)등을 후원할 수 있습니다.

참여방법

후원 계좌
3010284336711(농협)
사회적협동조합 제주교육선교공동체

CMS 간편납부신청
view.hyosungcms.co.kr/shorten-url/TsjsXmeNwU

미션펀드를 통한 후원
go.missionfund.org/jejushechem

※ 미션펀드는 기부금영수증 발급이 가능합니다

전화문의
: 010-2025-5252,
  010-5124-7781